Meu Diário dos Himalaias

Meu Diário dos Himalaias

Guta Soares

1ª EDIÇÃO

BERLIM, 2024

Dedico este livro ao meu companheiro Till,
por todo o apoio e confiança.

À minha família,
por ser a minha base durante toda a vida.

Ao meu amado cachorrinho Linus,
motivo de minhas alegrias.

E aos queridos nepaleses,
por terem me recebido com tanto carinho.

Sumário

Capítulo 1

Quando tudo era um sonho

Mesmo nascida num país onde o máximo que temos são morros, eu sempre sonhei com as montanhas. Se existia um lugar que eu sonhava conhecer desde sempre, esse lugar era o Nepal.

Nepal é um pequeno país na Ásia, entre a Índia e o Tibet, repleto de vales e montanhas. Oito dos quatorze picos mais altos do mundo estão lá, incluindo o Monte Everest. O clima do Nepal se divide em três categorias, a depender da altitude: subtropical, temperado e alpino. O clima subtropical se estende entre 100 a 1.200 metros acima do nível do mar; o clima temperado entre 1.200 a 2.400 metros; e o clima alpino, acima de 2.400 metros de altitude. Katmandu, a capital do país, se encontra a 1.400 metros acima do nível do mar, no vale que, há milhares de anos, já foi um grande lago.

Os Himalaias são a maior cadeia montanhosa do mundo, estendendo-se através de 2.400 quilômetros e cinco países. Também é uma região de elevada espiritualidade e cultura única. As religiões mais populares são o hinduísmo e o budismo, sendo o budismo a principal religião na região alpina. Tsum Valley, por exemplo, que eu tive a honra de conhecer, tem alta influência tibetana. Ao andar por lá é possível encontrar diversos templos com escrituras budistas, que honram e adoram a presença e santidade das montanhas e demais elementos da natureza.

Trilhar os Himalaias não é para qualquer um. É para aqueles que sonham e se conectam à natureza ao redor. Os caminhos não são fáceis e os desafios são diários, tanto físicos quanto mentais. É preciso ser forte e acreditar que nada na natureza pode te fazer mal, a não ser a sua própria mente.

No início do ano de 2024, quando pedi demissão do meu emprego estável numa empresa multinacional, soube que havia chegado a hora de conhecer a Índia e o Nepal. Desde o princípio, eu tinha em mente que essa seria uma jornada espiritual e de autoconhecimento. Na Índia, eu aprendi sobre o Yoga e a filosofia de que nada nesse mundo é definitivo; tudo é transitório. Quando se aceita o processo natural das coisas e se pratica o desapego em relação a tudo o que é material, vive-se mais feliz. Eu aprendi que tenho o poder de mudar a minha própria realidade através da minha mente. Tenho a capacidade de co-criar e manifestar os meus desejos ao Universo, e vê-los se tornarem reais. Aprendi que as doenças nos fortalecem, assim como os desafios diários da vida, que nos dão sabedoria e discernimento para os outros momentos futuros.

Eu não sou uma pessoa de físico escultural; não passo horas na academia, não tomo suplementos e tampouco tenho músculos acentuados. Mas ainda assim aceitei o desafio de andar por dezoito dias através das montanhas, fazendo o circuito da oitava maior montanha do mundo, Manaslu.

O Monte Manaslu tem 8.163 metros de altitude, e seu nome deriva do sânscrito, onde "Manus" significa alma e "lu" significa montanha. Seu nome é geralmente traduzido como "Montanha do Espírito" ou "Montanha da Alma", devido à sua grandeza espiritual e às diversas dificuldades que apresenta, como as constantes avalanches. Abaixo do seu pico, no vale, há um monastério situado a cerca de 4.000 metros de altitude, sendo um santuário para a meditação, a introspecção e a busca pela luz do conhecimento.

Tendo em mente a capacidade de manifestar a minha realidade, apesar da pouca força física, comecei a buscar pela trilha mais adequada para mim. Eu não queria nada muito cheio de pessoas. Apesar de já estar viajando e indo trilhar sozinha, estar em uma fila no meio da natureza me parecia um pesadelo. Queria algo mais natural e inexplorado!

Após algumas pesquisas no Google, tive a sorte de encontrar um lugar chamado Tsum Valley. Também conhecido como "vale escondido", Tsum Valley é um dos locais mais remotos do Nepal até hoje. Somente em 2008 ele foi aberto para o trek. Seus habitantes conservam costumes ancestrais, e os vilarejos são desprovidos de qualquer avanço tecnológico ou influência externa. Eles vivem de acordo com Shyagya, a não violência.

Não precisei pensar muito depois de encontrar esse lugar, pois tive a certeza de que era para lá que eu deveria ir. Fechei com uma agência em Katmandu o trek de dezoito dias para Manaslu e Tsum Valley. Algumas pessoas me perguntaram se eu estava preparada ou se tinha medo de não conseguir. Porém, a minha mente estava totalmente plena e certa de que era para ser, e portanto, eu encontraria os meios de me encher de força e capacidade para ir até o final. Espiritualizada que sou, entreguei para Deus e o Universo o meu caminho, na certeza de que eu seria guiada através de toda e qualquer adversidade que surgisse na minha frente.

No domingo que antecedeu o início da minha caminhada, aterrizei em Katmandu e fui presenteada com um lindo e multicolorido pôr do sol visto ainda da janela do avião.

Capítulo 2

O baixo Himalaia

17.04.2024

Meu guia Resham me busca às 6 horas da manhã no hotel em Katmandu e nos dirigimos de táxi até o terminal rodoviário. Vejo diversos ônibus parados, que parecem muito diferentes dos quais estou acostumada. Eles são menores, têm rodas de caminhão e carregam as bagagens no teto, do lado de fora. Ainda bem que não há previsão de chuva.

Conheço meu porter, Dev. Porter é o nome dado às pessoas que carregam mochilões e malas pesadas pelas montanhas nos Himalaias. Sinto que esses profissionais deveriam ser mais valorizados no mundo do trek. Muitas vezes, as agências tomam a maior parte do lucro e quem, de fato, está cruzando montanhas e carregando um super peso nas costas fica com as menores porcentagens. Nesse momento da minha vida, eu não tenho condicionamento físico para carregar cerca de quinze quilos nas costas por mais de duzentos quilômetros. Portanto, sou extremamente grata ao Dev por me permitir realizar a caminhada de dezoito dias.

Pegamos o ônibus local com turistas que estão indo para a região de Manaslu, e os locais que trabalham ou vivem na região. Meu destino final é Machhakola.

Serão, no mínimo, oito horas de viagem. O ônibus é pequeno e já sai da rodoviária lotado. Existem bancos na parte da frente do ônibus, ao redor do motorista, até mesmo em cima da caixa de marcha, e as pessoas locais, em sua maioria, preferem se sentar ali. Na parte de fora, adesivos avisam que "Buddha nasceu no Nepal". Vejo também adesivos de cannabis. Bob Marley também está presente.

O ônibus está lotado, de gente e de malas. Mesmo assim, o motorista continua parando em todos os pontos e o cobrador continua gritando, chamando os passageiros.

Parecem, definitivamente, as vans no Rio de Janeiro. Começamos a descer a serra em péssimo estado de Katmandu, que, na realidade, é a estrada federal que liga a capital aos demais distritos. O ônibus desce à toda, ultrapassando outros carros em curvas onde eu não recomendaria. Se nesse momento eu já estava achando perigoso, imagina o que a Guta do futuro diria do restante do trajeto apenas algumas horas depois?!

Paramos para o café da manhã e escolho um espresso, feito diretamente do grão nepalês na máquina italiana. Felicidade define. O local é como um belvedere, um ponto de parada de ônibus e caminhões. No menu, temos batatas picantes, feijão picante e vegetais, cozidos e fritos. Para finalizar, masala tea, um chá preto preparado com diversas especiarias e leite. Gosto muito da comida, já que sou uma amante declarada de pimentas.

Retornamos ao ônibus para enfrentar a jornada de muitas horas, passando por diversos pontos e parando em cada um deles por um tempo razoável, por motivos desconhecidos.

Após o município de Gorkha, a estrada vira um off-road rodeado de penhascos e deslizamentos de terra. Rochas por todo lado. Areia. Estou sentada do lado direito, bem ao lado do despenhadeiro, vendo as curvas do rio lá embaixo. Na minha cabeça monto um plano: "se o ônibus virar para o meu lado, eu me agarro no compartimento de bagagem acima da minha cabeça e me penduro, para não ser soterrada pelas dezenas de pessoas que estão em pé no corredor ou do meu lado esquerdo".

Toda vez que o ônibus passava a menos de cinco centímetros do limite da estrada, meu coração gelava. Íamos quicando o tempo inteiro, dava vontade de rir. Apesar do cenário caótico, vários passageiros conseguiram cochilar, inclusive eu. Num certo ponto da viagem, o ônibus realmente bambeou e eu senti a roda saindo da estrada. Imaginem o frio na barriga!

Em outro momento, encontramos um ônibus vindo no sentido oposto e foi aquele manobra daqui, manobra dali para os dois caberem na estrada e se cruzarem.

Quando o ônibus em que eu estava acelerou para sair, bambeou de novo e quase bateu na lateral do outro! Isso porque a estrada é toda de terra e cheia de pedras soltas. Adivinhem o que eu estava fazendo nessas horas? Rezando e pedindo para chegar em segurança em Machhakola! Depois de mais alguns minutos de subida e descida, finalmente chegamos à cachoeira que marca o final dessa aventura louca, já que dali em diante a estrada abria um pouquinho mais. Dava pra ver que todos os passageiros estavam respirando aliviados. Acho que ninguém esperava passar por tais condições de trânsito, a não ser os nepaleses!

Quando chegamos à Macchakola, já estava escurecendo. Um rapaz holandês, ao me ver de óculos de grau, me perguntou se eu tinha soro lubrificante para lentes de contato pois, durante o trajeto turbulento, sua garrafa havia caído de sua mochila e provavelmente se perdido dentro do ônibus. Arrumamos uma garrafa d'água de um litro e meio e compartilho alguns mililitros do meu soro com ele.

Como boa brasileira, cheguei à casa de apoio e quis ir direto para o banho. Vi muitas pessoas simplesmente se sentando para comer e planejar os próximos dias. Eu me pergunto: "como? Se tudo o que eu quero é tirar esses dois quilos de poeira incrustados no meu corpo?". Para deixar a situação ainda mais interessante, a luz acabou dez minutos depois de chegarmos na vila. Mas nada disso é um problema para uma pessoa motivada a se banhar. Fui para o chuveiro mesmo assim e tomei um belo e refrescante banho gelado no escuro, com água diretamente do rio.

Desci e fui dar uma volta no escuro, sentir o ar daquele lugar e olhar para a lua, que brilhava linda no céu. No jantar, pedi omelete e batata cozida, imaginando no máximo duas batatas. Acabo recebendo um prato lotado de mini batatinhas quentes a serem descascadas. No final eram tantas que, naturalmente, não consegui terminar sozinha, e ofereci ao grupo de guias que estava na mesa ao lado. Antes de terminar o jantar, a eletricidade finalmente retornou e pude dar mais uma caminhada ao redor da vila. Também coloquei meus eletrônicos para carregar, pois nesse momento não sei se terei tomadas disponíveis nos quartos daqui para frente.

Fui dormir cedo o suficiente para acordar às 5:30 da manhã, praticar yoga e meditar, antes do café da manhã, servido às 7h. Tive muitos sonhos dos quais não me lembro.

Na manhã seguinte, após cumprir a rotina planejada, saímos em direção ao próximo ponto no circuito. Estávamos andando rápido e eu estava curtindo cada segundo. A paisagem ao redor era simplesmente divina e o sol nascia bem no alto de um morro a cerca de 3 mil metros de altitude. Eu não podia parar de agradecer a Deus por estar ali e à Natureza por uma manhã tão bela. No meio do caminho desciam águas através do paredão de rochas, como as cachoeiras que serão no período das monções. Eu me sentia altamente atraída por aquelas águas e em uma delas eu parei para me banhar, de roupa e tudo. Na minha mente, aquilo era medicina.

Continuamos andando, cerca de 12 quilômetros no total, até chegarmos ao local do almoço. No trajeto, passamos por duas pontes de aço suspensas e também por uma nova, em construção. Os locais que trabalham nessas obras são verdadeiros alpinistas. Sem muitos equipamentos de segurança, eles estavam se pendurando nas rochas para colocar explosivos que teriam a função de abrir o caminho para a instalação da nova ponte.

No restaurante, conheci um japonês chamado Tatsuya, um português chamado Filipe e um holandês chamado Karkis, que também estavam indo para o Tsum Valley. Ainda não havia encontrado pessoas que também estivessem caminhando para lá. Sentei para almoçar com Tatsuya e conversamos

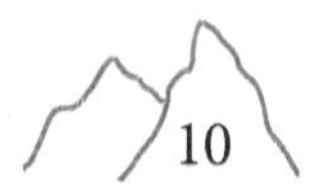

bastante sobre trabalho e companheirismo, sobre encontrar o amor da sua vida, como eu encontrei o Till e ele encontrou sua esposa, que o apoiou a vir fazer o trek por saber que sua alma é viajante.

Os cardápios dos restaurantes das montanhas são tabelados, porém existem várias opções. Pratos típicos como chowmein, MoMo, fried noodles (macarrão frito) e fried rice (arroz frito). Eu pedi arroz frito com vegetais e ovos, e veio um prato para duas de mim. Por sorte, Tatsuya me ajudou a comer, porque eu já estava em pânico de pensar como iria terminar aquilo e depois subir o penhasco mais desafiador do dia. Pois bem, já te digo que foi sofrido. Eu estava pesando uns dois quilos a mais do que antes da refeição no momento em que precisamos voltar a caminhar. Eu me sentia cheia e pesada, e precisei parar duas vezes encostada numa pedra beirando o abismo para recuperar o fôlego. Mas, como sempre, no final deu tudo certo. Vi infinitas plantinhas de cannabis crescendo feito grama pelo chão. Também vi muitos filhotes pelo caminho: de cabra, de pato, de galinha e até de humano, que estava sendo carregado dentro de um cesto pela mãe! Muito fofinho.

As pessoas daqui carregam todo o peso com uma faixa na testa amarrada ao item nas costas, seja ele um cesto, uma mochila ou um saco de cimento. Eles crescem fazendo isso e conseguem carregar incríveis quantidades de peso pelas montanhas. São pessoas que cuidam da terra e que nutrem as plantas.

A principal fonte de renda e a base da economia nepalense é a agricultura. Portanto, eles trabalham no campo por toda a vida, a não ser que decidam se mudar das montanhas. Definitivamente não é uma vida fácil. É uma vida remota e dura, porém bela. Eles não podem contar com coisas como carros ou motos para se deslocar, porque não há estradas. Tudo é carregado por burros ou pelas pessoas, que não tem escolha a não ser caminhar.

De acordo com meu guia Resham, com as mudanças climáticas, o período das monções tem visto cada vez mais chuvas. Os deslizamentos de terra - que nós chamamos de "queda de barreiras" - são cada vez mais frequentes. No entanto, no Nepal o terreno é rochoso e as barreiras são repletas de pedras. Pelo caminho passamos por pontos de pedras soltas e cenários de dar medo; toda uma faixa de terra caída e milhares de pedrinhas ribanceira abaixo. Tendo vivido um trauma na minha cidade natal há poucos meses, passar por cima de um desses deslizamentos me causa uma certa aflição.

Em um certo ponto, chegamos à abertura do vale. Lá embaixo, o rio corre com toda a sua força, mesmo antes do período das chuvas. Paramos para respirar na casa de chá antes de descer e cruzar o rio por dentro, pois uma parte da passarela suspensa que beirava o paredão de pedra caiu. Conheci o rapaz que mora ali e seu cachorrinho. Eles são melhores amigos e quem o levou para as montanhas foi a irmã, que mora na cidade. Penso no meu cachorro, o Linus. Minha saudade diária.

Hoje o dia estava quente e eu não pestanejei ao tirar minha bota, subir a calça e passar pelo meio do rio. As outras pessoas, como Resham, foram pulando pedras. Mas ao ver aquela água, tudo o que eu queria e precisava era, na verdade, me molhar por inteiro. Eu amo banho de rio e podia sentí-lo me chamando. Cruzei o leito d'água e continuei andando descalça, sentindo a areia fininha entre os meus dedos do pé, até Resham parar e sugerir que eu recolocasse as botas. Os guias estão sempre prezando por nossa segurança, e eu como "solo female trekker" - mulher trilhando sozinha -, ganho extra proteção! Não que eu realmente precise. Caminhamos por mais uma hora e cruzamos mais uma ponte suspensa.

Ao chegar na casa de apoio em Jagat, fui novamente direto para o chuveiro. Água fria e purificante. É curioso como mesmo após caminhar por seis horas e ganhar 470 metros de altitude eu ainda me sinto disposta. Me senti muito bem depois do banho e fui tomar um chá, onde encontrei os caras novamente. O guia dos dois europeus me viu praticando Yoga na hora do almoço e me pediu algumas instruções ali. Então, no fim da tarde, lá estava eu, ensinando alongamentos para os guias e para os colegas após o nosso cansativo primeiro dia de trek.

É sempre bom conhecer pessoas pelo caminho. Eu digo que nunca viajo sozinha, eu somente vou sozinha. Estando no local eu sempre me conecto com algumas pessoas e passamos tempo juntos.

Nesse caso, pude até mesmo conversar na minha língua materna, o português, com o Filipe! Falamos sobre o Brasil e ele disse que passou cerca de seis meses viajando por diversos estados. Não foi ao Rio. Jantamos todos juntos tomando chá, rindo e nos divertindo. Aprendemos palavras em nepalês e como contar até cinco.

Por fim, me retirei para o meu quarto, para escrever e dormir cedo. Amanhã é mais um longo dia de trek, com 13 km de distância. Hoje foram 16 km em seis horas, portanto, amanhã espero que sejam umas cinco horas. Vou me manter positiva, feliz e grata! Aproveitando esse momento único na minha vida.

Capítulo 3

Tsum Valley

19.04.2024

Há dias em que a gente já acorda sabendo que o humor do dia não vai ser lá essas coisas. Comigo, isso geralmente acontece até mesmo antes de dormir; parece que eu vou deitar já com o pressentimento da manhã seguinte. Ou será que somente o fato de pensar nisso já co-cria essa realidade?

No dia de caminhar até o pórtico do Tsum Valley, eu acordei com a real intenção de elevar minha energia, porque sei que a minha mente define o rumo do meu dia. Honestamente, sinto uma dorzinha entre a virilha e a coxa esquerda, no nervo lá dentro, mas eu determino que me curo e não sinto nada. Eu vou repetindo esse mantra na minha cabeça: "eu estou curada, não sinto nada!", até se tornar realidade. Dou amor às minhas pernas durante a meditação da manhã e canalizo energias de cura e de multiplicação - de células, sangue e força muscular - para que todo o meu organismo trabalhe em conjunto me trazendo bem-estar. Mentalizo que eu sou capaz e que consigo concluir esse trek com sucesso! Eu confio em mim mesma e não importa se vou demorar o dobro do tempo para chegar em Lokpa, pois não preciso me comparar a ninguém, o que importa é que, uma hora, eu vou chegar lá.

Ao sair da casa de apoio, andamos por dez minutos e me deparo com uma série de cachoeiras perfeitas, formando um poço ideal para nadar. Me sinto realmente triste de não ter tomado conhecimento desse lugar ontem, e também um pouco frustrada. Resham sabia que eu quero nadar numa cachoeira, pois estou repetindo isso desde o dia em que o conheci, mas ele não me contou da existência dessas, talvez por não confiar na minha capacidade de ir a algum lugar sem sua assistência ou talvez por ter simplesmente se esquecido.

Mas eu sou cria do mato! Não há o que temer. Para mim esse excesso de proteção não faz muito sentido, apesar de saber que, oficialmente, estou sob sua responsabilidade. É que eu sou da natureza, sou livre e harmoniosa com os elementos da Terra. Talvez ele não esteja acostumado a guiar pessoas que cresceram no interior do Brasil, cercadas de florestas, rios e animais. Passei minha adolescência fazendo trilhas para cachoeiras, muitas vezes de pés descalços na terra. Já pisei em cocô de vaca, já chutei pedregulho, mas estou aqui.

Todo o caminho aqui no Nepal é arriscado. Todas as estradas são perigosas e por todos os lados há deslizamentos de terra, por cima dos quais os trilheiros precisam passar. Ou ainda pelas pontes suspensas que cruzamos diariamente, por exemplo. Hoje foram duas. Uma delas estava, de fato, desbalanceada, com inclinação para baixo à direita, o que nos fez caminhar mais pela esquerda para não sermos puxados para baixo pela força da gravidade. Nessas partes do trajeto, o meu pensamento vai diretamente para minha total confiança em Deus. Eu acredito fielmente que estou sob Sua proteção e que nada de mal acontecerá enquanto eu estiver nas montanhas. A natureza é imprevisível, mas eu creio em seu fiel amor por nós, assim como é o meu por ela, minha Mãe Natureza, imenso e verdadeiro. Nada de ruim irá acontecer no meu período aqui. O maior desafio com que preciso lidar é a minha própria mente e os medos que tentam me limitar, mas dessa vez não conseguirão. Estou totalmente positiva! Confio em mim e na minha capacidade. Todos os dias irei acordar e dar o melhor de mim, tanto fisicamente quanto espiritualmente.

O almoço do dia foi num lugar bastante agradável, com muito vento. O dia estava quente e com o céu aberto, do jeitinho que pedi nas minhas orações. Agradeci imensamente quando consegui vislumbrar pela primeira vez uma montanha dos Himalaias com meus próprios olhos. Bem ao longe, pois ainda estamos numa altitude baixa, mas já majestosamente linda.

Caminhamos muito, incansavelmente, até chegarmos ao portal de entrada do Tsum Valley. Fiquei muito feliz por ter conseguido! Fizemos uma dancinha da vitória e tirei algumas fotos deste lindo pórtico, todo ornamentado de pinturas budistas.

Ao adentrar o vale, começo a sentir uma magia pairando no ar. O vento faz as árvores floridas de flores vermelhas balançar. Cruzamos com dois monges pelo caminho. Um rio maravilhoso passa por aqui, rodeado de morros igualmente lindos. Resham encontra amoras selvagens, cor de laranja, e comemos algumas. São um pouquinho azedas e bem pequeninas. O clima está quente e abafado, e não vejo a hora de chegar logo. Resham sempre diz que chegaremos em "30 a 45 minutos" mas, no fim, é sempre no mínimo 1 hora e 15 minutos. A trilha é basicamente subida. Chegamos ao vilarejo e Resham faz mais um "Hi-five" ou "bate aí", que quer dizer: "yes! Você conseguiu!". Hoje eu estava mais lenta, devido ao desgaste na perna e ao calor. Cheguei cerca de 15 minutos depois dos meus amigos de jornada.

Na vila de Lokpa, há um terraço com uma vista perfeita do rio e do vale. Também vemos de camarote um grande deslizamento de terra, o que me faz lembrar de Rodeio, depois da tempestade que acometeu a cidade em fevereiro deste ano. Aqui é um lugarzinho no meio do vale, assim como lá, porém com morros bem mais altos e terra acinzentada, típica geografia de região montanhosa.

Sento no terraço e decido fumar, pela primeira vez, um haxixe nepalês, que me foi dado no hostel em Katmandu. Meu colega português se junta a mim. Conversamos e rimos bastante, com os pés pendurados no deck. Comparamos palavras engraçadas entre o português de Portugal e o do Brasil, como "pedrado" e "papado", para se referir a estar chapado. Um tempo depois, o holandês e meu guia se juntam a nós e Resham começa a cantar uma canção típica nepalesa, do povo das montanhas. Eu adoro essas músicas folclóricas, pois elas me trazem um sentimento bom de conexão com a natureza, remetendo ao tempo em que as pessoas se sentavam do lado de fora para fazer música e contemplar o meio em que viviam.

Quando os outros se levantam para a sala de jantar, eu decido praticar alguns minutos de Yoga ali mesmo, saudando esse maravilhoso vale. Escuto atrás de mim uma mulher comentando: "olha, ela está fazendo uma reverência". Como não tenho um tapete de yoga, estou usando minha toalha de praia como "mat". Ao final, pratico alguns minutos de presença através da meditação e elevo a minha energia, expressando gratidão e amor. Saio de lá totalmente feliz e sorridente. Leve. Apesar de ter receio dos julgamentos, e saber que haviam pessoas me observando ou tirando fotos minhas, decido não prestar atenção em nenhum dos movimentos externos e fazer como disse o meu instrutor de Yoga, Dr. Vikas: um Yogi medita em qualquer lugar; não importa o que esteja passando ao redor, a mente do Yogi se mantém introspectiva. Essa sou eu agora!

Por fim, entro na sala comum para pedir o jantar e aprendo algumas lições de japonês. Descubro que os caracteres japoneses seguem uma lógica do individual ao coletivo. Por exemplo, árvore, bosque e floresta; o símbolo central é o mesmo e determinado elemento é multiplicado de acordo com o tamanho do que ele representa. Acho que eu conseguiria aprender isso, hein? Se eu me dedicasse feito louca, incontáveis horas por dia, e morasse no Japão, quem sabe? Só que provavelmente ficaria devendo nas aulas de desenho.

O jantar estava muito bom. Experimentei um prato local chamado Thenthuk. Como de costume, nossos guias nos serviram frutas de sobremesa. Eles são pessoas muito legais e agradáveis. Sempre positivos, sempre de bem com a vida. Nunca os vejo reclamando, apenas rindo e conversando. De vez em quando cantam, de vez em quando dançam. A maioria já se conhece de outros treks, mas, segundo Resham, alguns por ali são totalmente novos, estão iniciando suas carreiras como guias. Assim como a maioria, eles começaram como porters até aprender o inglês e os ofícios de ser um guia. Eles precisam cursar uma especialização do Governo do Nepal e obter uma certificação para poderem começar a atuar como tais, principalmente em áreas de conservação, como Manaslu ou Annapurna.

Quando sinto que minha energia se esgotou, vou para o quarto descansar. Aqui, o sono vem cedo. Fecho os olhos para dormir, nesse quarto úmido e frio, mas não sem antes escrever nas páginas do meu querido diário.

Acordo às 5h30 da manhã, como de costume, para praticar Yoga. Hoje, minha sessão foi no terraço, de frente para os morros e o rio logo embaixo, fazendo curvas em formato de S. O sol começava a nascer atrás das montanhas e seus raios causavam um efeito de refração, com uma luz branca que cortava o céu azul. O cenário não poderia ser mais perfeito. O silêncio aqui é preenchedor, cortado apenas pelo canto dos pássaros.

Pratico diversas posturas e, quando estou na postura da ponte, o cachorrinho da vila se aproxima pedindo carinho. Minhas mãos estão abaixo das minhas costas e meu quadril elevado. Como não lhe dou atenção, ele resolve me dar uma patada de alô no rosto, me sujando de barro. Preciso rir, é claro! Saio da postura e começo a conversar com ele, dizendo que isso não pode, que ele precisa ficar ali do lado, fora da minha toalha! Depois de duas tentativas ele entende e se deita. Sua aparência me lembra a do Linus. Gosto de ter a companhia dele ali, é sempre bom ter um serzinho iluminado à sua volta enquanto você também se ilumina. Termino minha sessão com uma breve meditação, praticando a gratidão e me preparando para mais um dia. Saio novamente feliz e sorridente, acreditando ainda mais em mim e no meu potencial.

Como hoje será um dia de muitas subidas e descidas, decido usar todas as proteções de ligamentos que tenho. Meu guia também me dá uma força carregando algumas garrafas d'água. Querendo ou não, só de água são, no mínimo, 3 kg dentro da minha mochila. Durante a subida ele também me empresta seu bastão de trek, assim preciso forçar menos as pernas e os joelhos ao escalar. Eu devo ser a única trilheira que não tem seu próprio bastão, porque esquecemos de colocá-lo dentro do mochilão na agência em Katmandu e só reparei no dia de pegar o ônibus para cá. Por isso, pergunto ao Resham se conseguimos improvisar um bastão de bambu ou de madeira para mim nos próximos dias.

O caminho começou com a travessia daquele massivo deslizamento de terra em frente ao terraço. É um pouco apavorante pensar que aquelas rochas somente encontraram uma posição de conformação temporária e que podem se mover a qualquer momento. Resham nos contou ontem que esse deslizamento aconteceu em meados de setembro de 2023, e havia pelo menos 30 turistas dentro do vale. Eles precisaram ficar diversos dias no vilarejo que vem depois de Lokpa, no sentido de quem entra, e depois contornar o morro, levando 3 horas a mais do que o normal para conseguirem sair do Tsum Valley. Quanto a mim, somente confio e espero que nada disso aconteça enquanto estou aqui, e nenhuma chuva forte caia por agora.

Em seguida, começaram os degraus na trilha, e foram muitas escadas ao longo do dia. Também andamos por dentro de bosques, com as típicas árvores do Nepal repletas de flores vermelhas, chamadas de flor de rododendro. Muitos jumentos cruzaram nosso caminho hoje, assim como ontem. Adoro o tilintar de seus sinos pendurados no pescoço conforme eles andam. Alguns também carregam vários enfeites em suas orelhas e crina. Os jumentos estão sempre carregando alguma carga ou voltando já descarregados. Eles são a ferramenta mais utilizada no transporte de cargas por aqui.

Em um certo ponto da trilha, começamos a avistar as montanhas Sringi Himal e Chumbar Himal, com seus lindos picos nevados. Houve um certo ponto do vale, tão lindo, mas tão lindo, que eu acho ter sido a paisagem mais bela que já vi até agora.

Hoje passamos por duas pontes suspensas e uma plataforma suspensa. As obras que os próprios locais fazem são inacreditáveis. Resham me conta que, do poder público, só vem mesmo o financiamento das obras; o restante é de responsabilidade dos locais. Como alguém vinda do Brasil, posso apostar que muitas vezes eles também colocam dinheiro de seus próprios bolsos na execução da obra.

Após muitas escadas e subidas, faltando cerca de dez minutos para chegarmos a Chumling, vemos uma cabra em trabalho de parto. Ela olha para nós como se pedisse ajuda, fazendo seu barulhinho de "Mé" constantemente e olhando bem na nossa direção. No entanto, eu não sei como posso ajudá-la. Fico ali parada, olhando de cima, emanando energias boas para a pobrezinha. Não deve ser fácil. Pouco depois, o pai bode chega e eles se comunicam; tocam narizes e se cheiram. Ele fica ali em volta da mamãe que, de vez em quando levanta, mas se mantém a maior parte do tempo deitada. Penso em como a natureza é perfeita. Gostaria de ter ficado ali assistindo o desenrolar da cena, porém precisamos continuar andando. Mais tarde, no almoço, encontramos o turista chinês com seu guia, que nos contou que, quando passaram, o filhote já estava lá, dentro de um buraquinho no chão. É o milagre da vida acontecendo bem em frente aos nossos olhos, de forma totalmente natural nas montanhas.

Chegamos à hospedagem antes do meio-dia e a primeira coisa que faço é me despir e colocar as pernas para cima. Hoje não quero nenhuma pressão do que fazer depois; quero deixar o dia fluir. Portanto, antes do almoço ficar pronto, dou uma voltinha na vila de Chumling, que possui um monastério, uma escolinha e um templo, além de vários campos de plantação de trigo. Essa vila é cercada por montanhas por todos os lados, e o vento frio bate no meu rosto deixando uma sensação agradável de paz e pertencimento. Depois do almoço, vou para o meu quarto e resolvo tirar um cochilo, olhar pela janela, escrever e meditar. Lavo minhas meias na torneira de água fria do lado de fora, com a água respingando por todo o lado e o sol me tocando a face. Em frente à casa, vejo uma família de macacos assaltando a plantação de cebolas, apesar de estarem apenas no início de seu crescimento. Filmo toda a cena. De repente, alguém de cima começa a atirar pedras para afastá-los dali. Acho fofo como eles são ariscos. Por falar em coisas fofas, tem um filhote de cachorro nessa hospedagem que é uma gracinha. Seu pelo é branco e ruivo, e ele deve ter no máximo três meses de idade. Se eu pudesse, cuidaria dele e o levaria comigo.

No fim da tarde, resolvo sair da toca e saímos, eu e Resham, para explorar a vila. Conheço a escola da região, que é patrocinada por alguma instituição dos Estados Unidos. Conheço um menino fofinho cujo nome esqueci e descubro que as pessoas mais idosas estiveram por ali hoje para fazer cirurgia de catarata. Os médicos e enfermeiros vêm da cidade para realizar esses procedimentos de vez em quando. Quando encontro meus amigos de trek no jardim em frente à hospedagem em que eles estão ficando, Karkis me conta que viu uma cobra bem no templo onde estive sentada hoje antes do almoço. Pela foto parecia bem grande! Além disso, o jardim deles recebeu a visita de monges durante a tarde (enquanto eu estava dormindo), e eles distribuíram comida e calçados para as crianças.

O jantar foi bom. Resham se sentou comigo, já que eu não tinha companhia dos meninos essa noite, e conversamos um pouco sobre a vida. Ele sempre me passa o plano do dia seguinte quando termino de comer mas, dessa vez, como comecei a escrever no diário à mesa enquanto tomava chá, ele esperou um pouco. Mas, como eu sei que levo muito tempo para escrever, sempre pergunto "quer me passar o plano?" e ele diz "pode terminar o seu diário".

No dia seguinte, iremos para Chokkamparo, mais um dia de subidas. Deito para dormir e decido tomar um relaxante muscular, que me faz dormir profundamente e alivia as dores da coxa esquerda. Sei que vai ficar tudo bem. Amanhã será um novo dia iluminado e, com a proteção divina, eu seguirei em frente!

Hoje o café da manhã seria mais cedo, por isso decido levantar e me arrumar logo, fazendo minha prática de Sukshma Vyayama (alongamento dos ligamentos) dentro do quarto mesmo. Para mim, em alguns dias, é melhor despertar e levantar logo. Quanto mais uso o modo soneca, mais sono sinto. No café da manhã, tive o privilégio de ver o sol nascer entre dois morros atrás de mim. Resham me trouxe um bastão de madeira para utilizar como suporte nos próximos dias. Os cachorros fofinhos brincavam enquanto eu escovava os dentes na torneira externa, que também é onde se lavam roupas, louças, mãos e rostos.

Em geral, tudo aqui no Vale e nos Himalaias é bem simples. O simpático povo do remoto Tsum Valley realmente nos ensina como viver isolados do restante do mundo e em harmonia com a natureza. Desde a primeira vila, já dentro do Tsum Valley, noto uma diferença no cuidado com o lixo, com os animais e com as montanhas em si, o que elas representam. Parece que tudo aqui é mais espiritual. Há um silêncio profundo e a presença diária do vento forte depois de meio-dia. Existe uma tendência no clima dos Himalaias nessa época do ano: de manhã, céu limpo e sem vento; de tarde, vendaval e nuvens que encobrem as montanhas; à noite, por vezes céu coberto de nuvens ou aberto com a linda lua meio amarelada e algumas estrelas (ou muitas). Como tenho dormido sempre muito cedo, antes das 21 horas, acabo perdendo a escuridão da noite e o céu estrelado da madrugada. Em contrapartida, assisto ao nascer do sol todas as manhãs.

Os moradores locais também tendem a dormir e acordar bem cedo. Eles trabalham o dia inteiro no campo, nas hospedagens ou nas construções, e por vezes os vejo tirando um cochilo em algum momento, simplesmente deitados no chão de grama. Sinto que os nativos do Tsum Valley são mais simpáticos e abertos do que os de fora. As criancinhas pelo caminho sempre juntam as mãos em Namaskar Mudra e dizem "Namastê" quando passamos. Os adultos também: "Namastê", "Namasitê", "Taci delê".

Hoje, na parada para o chá durante o trajeto, uma bebê se jogou no meu colo e estava toda curiosa com os meus óculos de grau. Acho que a mãe dela não ficou tão feliz, já que estava alimentando a criança. Ela era uma fofinha e estava usando um moletom com capuz vermelho. Suas bochechas também eram vermelhas, do frio e do sol. Percebo, enquanto escrevo, que a maioria dos adultos daqui não usa óculos. Por que será? Me pergunto se isso se deve à ausência de grau e necessidade de correção ou à falta de exames oftalmológicos. Aqui é tão remoto que não tem nenhuma unidade de saúde; a medicina vem da natureza e do conhecimento popular, ou de alguma instituição que vem de vez em quando prestar serviços à população. Quanto a mim, uso óculos diariamente, ou lentes de contato durante a caminhada. Vale mencionar que não há muitos espelhos disponíveis por aqui, portanto tenho usado a câmera frontal do meu celular para colocar as lentes nos meus olhos. Não é o ideal, mas tem funcionado.

O percurso hoje foi extremamente lindo (e cansativo). Passamos por pontes suspensas, deslizamentos de terra, pedras rolantes e subidas bem íngremes. Vimos as majestosas montanhas como plano de fundo por cerca de 12 quilômetros. Estou andando muito e, apesar de precisar parar na subida diversas vezes essa manhã para hidratar e respirar, estou orgulhosa da minha trajetória até aqui!

Chegamos no centro da vila de Chokkamparo e há um checkpoint da Guarda. Nesses checkpoints, as nossas autorizações e o passaporte da montanha são checados. Esse é o segundo checkpoint que passamos desde Lokpa. Nossa casa de apoio é mais afastada, e precisamos andar mais uns vinte minutos. Estou exausta. Passamos do lado de um filete de cachoeira que surge do paredão rochoso. Sinto vontade de ir lá mais tarde, mas não muito certa de que meus pés aguentam. Ao chegar no Karma Lodge, mal posso acreditar que esse lugar é real. Vemos três diferentes montanhas, todas nevadas.

Os morros têm uma silhueta que jamais vi, por vezes causando um efeito de sombra, por estarem dispostos um atrás do outro, com tamanhos perfeitamente crescentes. É muito lindo e mágico de se ver. A família proprietária daqui tem um bebê (imagino que tenha uns três anos) e um filhote de gato preto. Logo acima da propriedade há um muro de pedras com escrituras budistas, chamados de Mani Walls, que leva até um ponto mais alto de onde se tem uma ampla vista do local e da cadeia de montanhas. Fomos lá depois do almoço e me deitei na grama, tomando sol e admirando as montanhas. Como de costume, venta forte nessa hora do dia, e por ser tão alto - 3.040 metros de altitude - quando o sol se esconde, faz frio. A sensação de deitar no sol com o clima frio é a melhor do mundo para mim. Aprecio as nuvens, que deslizam lentamente pelo céu, se fundirem com o topo das montanhas nevadas. Me sinto muito grata por estar aqui, apesar do caminho estar sendo bem desafiador. No entanto, eu não gostaria de estar em nenhum outro lugar a não ser aqui e agora, convivendo com essa grandiosa natureza, pura e intocada.

Ao retornar à pousada, ando em direção ao meu quarto - um chalé feito de madeira e placas metálicas, com uma varanda na frente - e testemunho um macaco dos Himalaias assaltando um galho de uma pequena macieira em frente aos chalés. Ele é relativamente grande, tem a pelagem do corpo cinza e a do rosto branca, com a cara preta. Estava de pé, catando o galho e, quando me viu, correu em dois segundos para fora da cerca que delimita a propriedade e a floresta. Fiquei na varanda observando-o, e ele a mim. Ele comia seu galho de poucas folhas e eu somente testemunhava o momento. Pouco depois, chegou meu colega português e ficamos pensando o quanto é surreal viver assim, em tamanho contato com a natureza. Os outros chegaram um tempo depois, e nesse momento trocamos contatos e criamos um grupo de WhatsApp para compartilhamento de fotos, já que dali a dois dias iremos nos separar e possivelmente não nos encontraremos novamente. Essa é a parte difícil das viagens: se despedir das pessoas que se conhece e se conecta no caminho.

Na hora do jantar, conversamos sobre o mistério da vida e no que acreditamos. Cada um acredita e pratica algo diferente, o que é interessante. Viver e conviver com as diferentes visões de mundo também faz parte do nosso crescimento individual. Karkis acredita que existem muitas coisas sem explicação entre o céu e a terra, e ele sente, lá no fundo uma intuição que ainda não sabe exatamente como se manifestar. Tatsuya é agnóstico, não acredita em Deus, mas numa força positiva que nos guia aqui na Terra. Ele pratica o Zen, que é um tipo de meditação. Filipe é ateu e não acredita em nada muito espiritual. Ele crê na entropia do universo e tem uma visão de que a vida é o que aumenta essa desordem. Eu me posiciono e digo que para mim a lógica é inversa. Se a maior força do universo é o amor (é o que eu acredito), e o amor gera a vida, então o amor não pode ser uma força destrutiva no universo, mas sim multiplicadora. Por fim, expresso a minha própria crença. Guta acredita na multiuniversalidade, em diferentes realidades coexistentes entre espaços e tempos, com a energia positiva maior da Fonte a nos guiar, assim como a outros seres de outros universos, que coexistem em harmonia e nos instruem nos mistérios. A minha visão de mundo é semelhante ao que diz a cultura védica, cuja teoria eu aprendi um pouco antes de ir para a Índia.

Os guias e os demais trilheiros da Malásia assistem interessados à nossa conversa, e sinto que este exato momento foi um daqueles que engrandecem; a pulga atrás da orelha pelas visões trocadas ficará lá para sempre, nos ajudando a questionar o que é realmente a nossa verdade.

Algum tempo depois, chega a nossa comida. Hoje cada um pediu um prato diferente dentre o menu de opções disponível. Como de costume, coloco bastante molho de pimenta em cima de tudo. O mais utilizado aqui é um molho de pimenta verde, além da pura pimenta vermelha em óleo que também é oferecida quando solicitada. No início do trek, Resham me disse que comer pimentas auxilia na questão da altitude. Fiz algumas pesquisas e descobri que isso é devido a capsaicina, que aumenta a circulação sanguínea, ajudando no trasnporte de oxigênio. Já que amo pimentas, não é problema nenhum para mim aumentar a dose.

Para a sobremesa, as habituais frutas, e nesse momento descobrimos que dali pra frente não teremos mais bananas. Maçãs, somente enquanto durarem as que temos, e daí para frente somente romãs. Fico chateada, porém compreendo a limitação. Bananas fazem falta, principalmente durante as caminhadas, já que potássio e magnésio são altamente recomendados para os músculos.

No final da refeição, os guias começam a tocar instrumentos, cantar e dançar. A tímida dona da pousada também dá uns passos de dança, mas logo para, envergonhada. Sem dúvidas, o prêmio de melhor dançarino vai para o guia dos europeus. Ele é engraçado por natureza e também dança de maneira engraçada, com os braços pra cima feito bailarina. Rimos e nos divertimos mais um pouquinho e então, antes das 21h, vamos nos deitar. Amanhã nossa caminhada é para Chhule, um vilarejo não muito longe daqui, a 3.360 metros de altitude.

Acordo no meio da noite com a respiração um pouco fraca e com frio. Assim que retomo a consciência, meu corpo automaticamente me diz: "água". Bebo devagar em várias goladas até sentir que está tudo bem e minha respiração se estabiliza. Tomamos muita água morna por aqui, que é fervida e colocada em nossas garrafas térmicas. Mas nessa altura, o que era morno já está gelado, tamanho é o frio lá fora. Sim, os efeitos da altitude são reais. Consigo voltar a dormir e acordo de manhã quinze minutos antes do meu despertador, às 5h15. Abro a cortina e olho pela janela. Vejo um céu azul límpido, o topo de Ganesh Himal sendo iluminado pelo sol nascente atrás das montanhas do outro lado. Também há uma nuvem fofa e rosada no céu, cobrindo o topo de outra montanha. Essa cena, esse vislumbre de paraíso, me traz muita positividade e logo começo a meditar. Agradeço, mais uma vez e incansavelmente, pela oportunidade de estar aqui acordando nesse lugar perfeito, onde poucas pessoas têm o privilégio de vir. Nada é mais importante, não há frio, banheiro ruim ou água gelada que alterem a minha felicidade em estar aqui.

Saio do quarto para olhar em volta e tudo está perfeitamente calmo e lindo: as montanhas brancas e a bruma do amanhecer pairando sobre nós. Tiro algumas fotos e faço alguns vídeos para registrar esse momento único, além de guardar na memória e nessas páginas. Estou apaixonada por Chokkamparo.

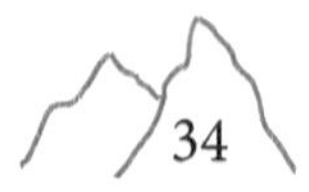

Me sinto repleta de positividade, e o café da manhã se mostra um momento descontraído e divertido. Tiramos fotos do grupo de amigos com nossos guias e caminhamos juntos até o "Tsum Monastery", o monastério central de Tsum Valley. A guardiã abre o salão para que possamos ver por dentro.

O lugar é lindo e frio! Nos bancos onde os monges se sentam há cobertores, ponchos e almofadas. Na mesa à frente, pergaminhos, sinos e canecas de chá. No templo, há também uma enorme estátua dourada de Buddha e outras estátuas de divindades cujos nomes desconheço.

Diversas pinturas multicoloridas de mandalas, deuses e flores de lótus adornam ambos os lados do altar. Muitas fotografias de Dalai Lama e outros monges estão expostas. Todo o teto, as colunas e as paredes são ornamentados com as mais diversas figuras: dragões, flores e mandalas. A cor predominante é o vermelho. Há um andar acima da área central do salão, onde o teto é amarelo e azul, com quatro janelas iluminando o espaço. Do lado de fora do monastério, vejo as mesmas construções que estão por todo o vale: as stupas, dessa vez em alvenaria branca e com muitos, muitos detalhes. Me impressiona a quantidade de recursos necessários para ornamentar e adornar este templo, tão distante e tão remoto. O monastério em si tem mais de 400 anos, e já teve diversas aparências desde então. Seguimos viagem após essa agradável visita e, em um dado ponto, me separo dos amigos europeus e do japonês.

Resham e eu nos deparamos com grandes caravanas de yaks, a vaca dos Himalaias. São animais fofos e peludos, que se assustam com facilidade ao encontrar humanos desconhecidos. Eles seguem seus rumos de acordo com os gritos de seus condutores, e também carregam sinos em seus pescoços. No meio da caravana, também está um casal de senhores; ele recita o mantra "Om Mani Padme Hum" segurando o terço budista chamado de japamala nas mãos. Ela simplesmente anda sorrindo, toda vestida de vermelho e com uma mochila azul-escura nas costas. Ao cruzarmos o riacho que deságua no rio maior, os condutores desviam os animais para o lado, para que possamos nos adiantar no caminho. Percebo o movimento e acelero o passo para estar à frente. O casal de senhores faz o mesmo e nos olha sorrindo, bochechas rosas queimadas pelo frio e pelo sol, e olhinhos puxados como é comum no Tibet. Eles trocam algumas palavras com Resham e seguimos caminhando. No trajeto, também passam por nós pessoas montadas a cavalo e puxando os animais. Um potrinho, que estava no meio dos templos de pedra, nos vê chegando, humanos estranhos, e paralisa no meio da trilha. Resham toca ele para o lado. Seu rabo tem um estilo que nunca vi antes. O cabeleireiro foi criativo! São triângulos ao longo do comprimento do rabo, feito cones. Acho fofo.

Chegamos ao vilarejo que antecede o nosso

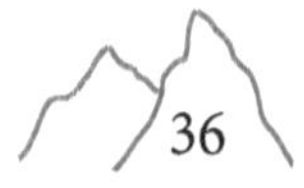

destino final, Chhule, e entramos num templo feito inteiramente de madeira e barro, similar ao "pau a pique" brasileiro, tão antigo que faz meus olhos e garganta arderem, desencadeando uma sequência de espirros involuntários. O templo tem mais de 500 anos, e tudo nele é velho. Dentro há uma pesada roda de oração, chamadas de "Mani Wheels", também de madeira, que demanda força para fazê-la girar. Quando giram, as rodas tocam nos sinos pendentes do teto e o som ecoa pelo salão. É escuro, e no altar vemos quadros, fotografias e pequenas estátuas. Saímos do templo, bebo bastante água e caminhamos por mais trinta minutos, entre stupas de Buddha e rodas feitas de cobre, até chegarmos à pousada de hoje. Esta fica de frente para uma cachoeira que brota do alto de um morro, no paredão rochoso em frente às montanhas congeladas. O que deveria ser o poço da cachoeira é um lago de gelo. Me sinto deslumbrada com essa visão, sem nem saber se é real. Sento numa cadeira do lado de fora, tomando sol e apreciando a paisagem. Como sempre, perto do meio-dia começa a ventar bem forte, nesse lugar ainda mais do que nos anteriores. É preciso um chá para espantar o frio.

Após o almoço, decido explorar o entorno e sentar por um tempo à beira do rio, apreciando o lugar e curtindo o momento presente. Da pousada até aqui, existe uma ponte suspensa cruzando o rio. Do outro lado da ponte, fica a vila onde a maioria dos locais mora. Um senhorzinho me vê embaixo da ponte, nas pedras, e acha que estou perdida, pois começa a gritar algo que eu não entendo e a apontar, sinalizando para eu dar a volta e subir a ponte. Faço um sinal de positivo com a mão como quem diz "está tudo bem, sei o que estou fazendo" e continuo buscando um lugar para sentar. Encontro uma pedra convidativa e fico por ali, apreciando as águas azuis correndo rio abaixo. Eu queria entrar nesse rio, mas não sei bem por que não o faço. A água não está tão gelada, nada que seja surreal para mim, mas ainda assim, não tenho a coragem de tirar a roupa e entrar. No resto do dia, fico no meu quarto e tiro um cochilo. O frio e a altitude estão fazendo o meu nariz escorrer o tempo inteiro, o que pode ser bastante irritante. Decido começar a tomar o xarope expectorante que trouxe da Índia, de medicina ayurvédica. Me sinto um pouco exausta. Perto da hora do jantar, vou para a área comum da pousada tomar um chá e ler meu livro "Os Yoga Sutras de Patanjali", que me ensina todos os dias uma lição diferente para se viver melhor e com mais plenitude.

Os guias estão na mesa à frente jogando baralho. Acho engraçado como brincam um com o outro, fazendo piadas o tempo todo. Se assemelha um pouco à nossa cultura brasileira, onde tudo é tratado como uma grande brincadeira. O idioma nepalês é falado extremamente rápido e, no final de cada frase, sempre tem uma entonação anasalada com um tom de pergunta. Gostaria de entender a razão das tantas risadas, mas rio só de assistir. Está super frio lá fora e toda vez que algum deles abre a porta, uma corrente de ar gelado entra, mudando a temperatura interna em um segundo. Estou sentindo muito frio hoje, talvez por conta deste leve resfriado, e já devo ter tomado umas quatro canecas de água quente. Minha comida hoje é uma sopa de legumes com molho de pimenta verde, que dá o toque de sabor que eu precisava. Aqui as opções de vegetais são ainda mais escassas, portanto a sopa nem mesmo batatas tem. Escolho o meu café da manhã já pensando em algo que me satisfaça mais para aguentar a caminhada do dia seguinte, que será longa.

Uma das melhores partes das minhas noites nas montanhas está sendo, sem dúvidas, escrever nesse diário, onde fico totalmente presente nas minhas palavras e nos meus pensamentos. Memórias diárias de algo que sempre sonhei viver.

Os últimos dois dias foram de bate-volta e volta. Na terça-feira, às 6h da manhã, tomamos café para chegar cedo ao monastério de Mu Gompa, para a oração da manhã dos monges que lá residem. Estava bem frio logo cedo, e já ventava um pouco. Pela primeira vez, saio para a trilha vestindo os dois casacos, gorro e luvas. Em determinado ponto, quando começamos a subir, vou tirando o cachecol, as luvas e fleece. O corpo aquece com o aumento dos batimentos cardíacos e o acelerar da respiração, devido à altitude. A paisagem é sensacional e me lembra um filme de fantasia: um vale encantado, rodeado de montanhas e cercado por um rio de águas claras e velozes. Os Himalaias não poupam beleza. Para todo canto que se olha, vê-se uma nova pintura perfeita e cheia de vida.

Às 8h20 chegamos ao monastério e os monges já estão dentro do templo. O lugar é antigo, feito de pedras e com ornamentação de madeira. Visto de fora, o monastério de Mu Gompa se assemelha às demais casas feitas de pedra: construções de um andar com uma varanda de cerca de três degraus de altura, também feitos de pedras sobrepostas. O portal do templo é semi-fechado nas duas laterais por janelas de madeira, deixando um espaço por onde a luz passa para o interior do templo em si, através de sua porta principal. Todos os quatro cantos da porta são decorados e pintados à mão. Pelo desgaste do tempo, já é possível ver os danos

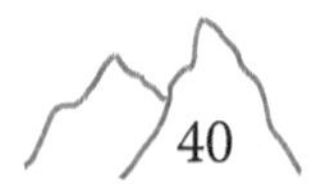

na madeira, mas a arte em tons de azul e amarelo continua impecavelmente linda.

Os três monges se sentam sob esteiras dobradas, enrolados em cobertores, além da tradicional veste vermelha que, no budismo tibetano, simboliza prática espiritual elevada, o exercício da compaixão e da sabedoria, além de ser um escudo energético, bloqueando espíritos malignos, filtrando as energias negativas e convertendo-as em positiva. O poder do vermelho e o simbolismo do fogo estão presentes em todos os templos budistas.

Resham e eu nos sentamos num colchonete à esquerda da porta de entrada. Dois monges estavam também do lado esquerdo, enquanto um se sentava do lado direito com algumas fotografias ao lado e o livro principal logo à frente. Eu sentia nas minhas costas o frio entrando, atravessando as geladas paredes de pedras. Volto a colocar minhas luvas, o gorro e fecho o casaco. O altar do templo possui estátuas douradas de Buddha, fotos do Dalai Lama e de outros senhores monges. Há também muitos candelabros e velas. Os monges recitam um mantra, nos observam e sorriem. Um deles é muito velho, e percebo o quanto está debilitado. Eu não sei explicar, mas sinto como se uma porção de vida já o tivesse deixado para voltar à eternidade da alma. Os outros dois são idosos também, mas ainda apresentam vigor e total lucidez. Vez ou outra, durante o mantra, eles tocam seus instrumentos: pratos, sinos e tambor. Fecho os olhos e foco na minha respiração, tomando consciência de cada inalação e exalação. O ar é gelado. Me deixo levar pela vibração do mantra emitido por eles e após alguns minutos abro os olhos e pratico o que se chama Trakta no Yoga, que consiste em focar num objeto até que os olhos lacrimejem, sem deixar as pálpebras se fecharem, e só piscar os olhos quando não for mais possível segurar. Em seguida, você terá a visão daquele objeto no escuro, em cores negativas, até que este se distorça em outras formas e imagens.

Às 9h10, saímos do templo, pois estava frio e Resham já estava tremendo. Sentamos sob o tímido sol no degrau da varanda, e logo o trilheiro chinês que eu já havia conhecido há alguns dias atrás chega e presta reverências. Ele faz três prostrações completas antes de entrar, tocando cinco partes do corpo no chão, representando a entrega total e humildade perante ao Buddha. Depois, ele se senta no mesmo colchonete em que estávamos. Andamos pelo monastério e tiro diversas fotos da vista da varanda.

Estamos simplesmente de frente para uma cadeia de montanhas, causando o efeito de sombra e luz que parece irreal. Visitamos o quarto em que os amigos de trilha passaram a noite anterior. O porter estava deitadinho embaixo das cobertas, aproveitando seu merecido descanso enquanto os demais faziam uma excursão até o cume de um morro atrás do monastério. Os quartos não são muito limpos e são bem frios, por isso Resham recomendou que eu não pernoitasse em Mu Gompa. Portanto, eu e os rapazes nos separamos no dia anterior. A essa altitude é tão frio à noite que a água da torneira congela. Fico sabendo que Tatsuya passou mal a noite toda e estava retornando à Chhule, bastante abalado do estômago.

Vejo um filhote de cachorro preso em uns arbustos por uma fita na barriga e sinto pena dele. Paro, faço carinho e digo a ele que vai ficar tudo bem. Fico pensando por quê alguém deixaria o bichinho ali preso no frio e sem água ou comida por perto. Não posso dizer por quanto tempo ele estava ali, mas sinto compaixão de todo jeito e quando me despeço meu coração se parte um pouquinho.

Começamos a descida de volta à Chhule às 10h30 da manhã. No total, de ida e volta somaram cerca de 12 km e três horas. Mas o dia de hoje não termina aí. Depois do almoço, precisamos descer de volta à Chokkamparo, decisão tomada para encurtar a jornada do dia seguinte até Chumling, que seria cerca de 21 km. Isso significa que agora se inicia o fim da minha estadia no Tsum Valley, e eu já sinto saudades. Quando chego no meu quarto em Chhule, me sinto muito cansada e com aquela dor incômoda entre a virilha e a perna esquerda. Coloco as pernas para cima apoiadas na parede em Mula Bandha e me cubro com o cobertor. O vento faz barulho lá fora. Quero dormir, mas não consigo, porque a ansiedade me faz pensar que não tenho tempo o suficiente

para cochilar, temos hora para sair em breve.

Quando saímos, o vento é veloz e assobia nos nossos ouvidos. O clima parece refletir o meu humor: cinza e parecendo querer desaguar. Resham quer andar rápido por alguma razão, provavelmente pela chuva que ameaça cair do céu. Porém, neste momento, não consigo ir além. Minha perna está causando uma dor aguda e ir devagar é o máximo que consigo agora. Fico para trás ao longo do caminho, mas não me importo. Decido não fazer uma parada no meio do percurso e evitamos a trilha mais longa que leva ao convento de freiras do outro lado do rio por duas razões: primeiro, eu não estou com o humor adequado e, segundo, porque sinto que essa diferença de tempo no trajeto nos custará pegar chuva no caminho. Assim, seguimos direto de volta à Chokkamparo, pegando alguns atalhos aqui e ali, pulando espaços entre as pedras que servem de cerca no vilarejo.

Com esse desconforto, meus pensamentos oscilam entre "estou com dor" e "tá tudo bem, não estou sentindo nada". Combato cada pensamento negativo um a um, faço súplicas e peço perdão à Natureza pela energia não tão positiva que emano. Repito mentalmente, incansáveis vezes, "eu sou forte, eu consigo". Só quero chegar. Enquanto eu recito uma canção que conheço, da banda Cultivo, que diz:

"No dia em que eu entreguei meu coração pra Deus choveu

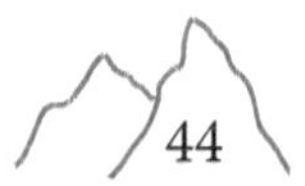

Choveu o amor na minha cabeça

Cada gotinha era maior que eu",

gotinhas de chuva caem sobre mim. Eu peço à Natureza que guarde essa chuva para quando eu chegar e estiver abrigada e em segurança.

Pelo vale aberto, o vento toca flauta. Para mim, uma sinfonia orquestrada pelos guardiões das montanhas e dos ventos. Sempre tive uma mente voltada para as coisas extraordinárias que não podemos ver, e esse cenário mágico apenas reafirma a existência de coisas que não podemos expressar, que dirá explicar!

Manter a mente positiva quando se precisa andar com dor por 8 km, sob vento forte e frio, não é tarefa fácil. Eu superei essa tarde cantando e pedindo forças a Deus, repetindo mentalmente afirmações positivas sobre mim mesma. No sufoco do sofrimento físico, dúvidas passavam pela minha cabeça: "será que vou conseguir completar o circuito de Manaslu? Como vou suportar as centenas de quilômetros que ainda tenho pela frente?" Porém, a todo momento, repetia para mim mesma que estava curada dessa dor e que o Universo me dava forças para finalizar esse desafio.

Dando um passo de cada vez, após três horas chegamos de volta ao Karma Lodge. Somos os únicos aqui. Descanso por 15 minutos para o corpo se estabilizar na temperatura e altitude do ambiente e, finalmente, tomo o primeiro banho quente –

pago - do trekking. Saio do banheiro já de meia e vestindo o casaco que usei durante o dia, o mais grosso que tenho, capaz de aguentar temperaturas negativas e vento forte. Assim que entro no quarto começa a chover! Me sinto abalada do dia, mas profundamente grata por ter chegado em segurança e ter uma coberta para me aquecer. Decido colocar meus fones de ouvido e escutar Ministério Zoe, uma banda gospel que minha mãe me apresentou no ano passado. Vou para a varanda da cabana, a mesma de onde observei o macaco há uns dias. Com a música, começo a agradecer por tudo e me sinto desabar, assim como as nuvens. Viro as mãos para cima em total manifestação de humildade e redenção, e a chuva que, nesse momento, estava leve, começa a cair com maior intensidade na palma das minhas mãos enluvadas.

Canto "Hosana" junto com a canção, nessa hora já semicerrando os olhos lacrimejados. Entro no quarto e me ajoelho no chão. Começo a chorar. Me sinto tomada por uma presença divina e sinto paz e conforto no meu coração. Rezo, me entrego e agradeço por tudo, do fundo da minha alma. Choro ainda mais, sorrio, sinto confiança. Creio que toda a espiritualidade presente nas montanhas, eu mesma e a minha mente, nos curamos das enfermidades e dores. Começo a pular e a dançar com a música tocando nos meus ouvidos. Dentro de mim, ocorre uma descarga energética de dor, sofrimento, gratidão e amor infinito. Meu corpo começa a tremer. Sinto muitos arrepios de uma força que não sei explicar qual é ou de onde vem. Depois de tudo isso, sinto que preciso me aquecer e resolvo deitar por alguns minutos em Savasana.

Experienciar tudo isso me deixa levitando. São muitas sensações diferentes percorrendo o corpo e, em seguida, um misto de pensamentos: "Como explicar para alguém esse tipo de experiência divina, e como fazê-lo entender que qualquer pessoa tem essa capacidade dentro de si?". Tento criar um plano ou estratégia para compartilhar esse conhecimento, da mesma forma que tantas pessoas têm tentado ao redor do mundo. Esse livro é parte disso.

Saio do quarto em direção à sala de jantar. A chuva trouxe neve fresca e branquinha para o topo das montanhas que nos cercam grandiosamente, e também para os morros altos à frente. Tudo está gelado como um picolé. Olho ao meu redor e agradeço repetidas vezes por presenciar esse lugar. Eu queria que chovesse um dia para eu ver neve recém-caída nas montanhas bem antes de começar a fazer a trilha. Hoje mais cedo, quando notei o dia cinza e nublado, cheguei a pensar "hm, talvez seja hoje que vai nevar nas montanhas". Depois de apreciar e gravar esse momento único na minha vida, entro na sala de jantar por causa do frio, e peço à tímida dona da pousada uma caneca de Tatu Pani, que significa água quente.

O dia seguinte não será tão desafiador, por isso podemos ir com calma, devagar e sempre. Antes de dormir, penso em muitas coisas: no Till, no Linus e na nossa viagem ao Monte Etna, na Sícilia. Também penso na minha mãe e na minha avó. Caio no sono. Acordo de madrugada com um estrondo e suponho que seja alguma rocha deslizando do morro. Espero alguns minutos por qualquer reação externa, além dos latidos de cachorro, mas nada acontece. Afinal, como sempre dizem por aqui, o que se pode fazer em relação à mãe Natureza? Não se pode mudar o que tem que ser. A Natureza é incontrolável e imprevisível. Estamos no meio do nada, imersos no vale e no coração das montanhas. Abro brevemente a cortina e dou de cara com a lua cheia, amarelada como só ela, bem na minha frente. O silêncio do momento e aquela luz preenchem o meu olhar. Na minha mente, movida por magia e amor, esta minha querida amiga Lua parecia me chamar para admirá-la. Volto a dormir. Perto de acordar, volto a checar a lua e, lá está ela, se pondo atrás de um morro. Acordo horas mais tarde com a certeza de que o dia será maravilhoso.

Durante a madrugada nevou ainda mais, e agora, pela manhã, até a base dos morros mais baixos estão cobertas de neve. No café da manhã, decido postar uma foto, expressando os meus agradecimentos a Deus, por Sua presença me fazer mais forte e confiante. Não tenho utilizado as redes sociais durante o trek; não faz sentido para mim. O melhor é estar o máximo possível imersa na experiência. Porém, novamente penso que quero propagar a existência do poder e do amor divinos, e nessa manhã inspiradora, eu sinto que esse é um momento apropriado para uma imagem de apreciação no meu perfil, que não é tão popular assim.

Quando estamos nos preparando para deixar a pousada, o dono e seu filhinho pequeno nos oferecem grãos de trigo torrado que acabaram de preparar no fogão a lenha. Experimento e brinco com a criancinha, que me observa atentamente.

Começamos a caminhar às 7h45 e faz frio. Sinto prazer nesse frio gelado, de preferência com o sol brilhando no céu e sem vento forte, como hoje! A positividade faz tudo brilhar mais bonito. Vamos andando bem sem pressa, um passo de cada vez. Resham, com seus olhos de águia, avista macacos e veados dos Himalaias. Ele sempre consegue notar os animais de muito longe. Para e aponta para onde eles estão com o seu bastão de trekking. Às 12:15h chegamos novamente à Chumling Guest House. Vou direto para o quarto descansar e me colocar em Mula Bandha, com as pernas para cima apoiadas na parede. Em seguida, tomo um banho frio e lavo finalmente o meu cabelo. Aqui, a temperatura ambiente é mais confortável e venta um pouco menos do que lá em cima. Também preciso lavar algumas roupas e, portanto, hoje me permito tomar mais um café à tarde. Principalmente porque o daqui é bom e tem espuminha! Ah, que saudades do café brasileiro. Nada melhor.

Depois de todas essas atividades, dou uma volta

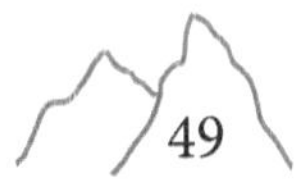

solitária pelos campos mais baixos, encontrando uma antiga casinha de vacas sem telhado e cercada de feno. Decido ir até lá e sentar de frente para o vale. Penso e reflito "por que sinto tanto medo das coisas?". Por exemplo, estou aqui, nesse momento com medo de que algum animal apareça, de cair, ou não conseguir voltar. Sendo que nenhum desses cenários é realmente provável. Eu estou bem e segura. Então, por que sinto tanto medo? Eu não sei, mas quero manifestar que me liberto dessas amarras e bloqueios. Ao voltar para o quarto, medito e me entrego profundamente. "Estou curada. Permito que as forças universais tomem conta de mim e removam todas as tensões dos meus nervos". Antes de iniciar esse trek, a minha coragem veio da certeza de que eu poderia me curar espiritual e fisicamente, através da mente, sempre que buscasse me conectar com meus guardiões e com meu Eu Superior. Além, é claro, da Fonte, que é Deus.

Sinto a energia fluir através dos pontos de tensão, liberando a dor no meu corpo. Sinto a minha mente e meu cérebro se transportarem para uma outra esfera de dimensão, algo que causa desconforto físico momentâneo. Durante o curso de Yoga na Índia, aprendi que, durante estados meditativos profundos, podemos acessar outras áreas no nosso cérebro que podem sim, causar dor. É como se a energia fluísse nesse estado emitindo diferentes tipos de ondas cerebrais, em outras frequências. De olhos fechados, tento descrever o que vejo como uma elipse que vai girando através da minha cabeça, sempre em direção ao interior e que, posteriormente, se expande.

Em um dado momento, manifestando a conexão com a montanha, sinto uma energia muito forte na cabeça e, com ela, o medo. É incrível como a nossa mente consciente cria mecanismos de proteção quando estamos experienciando algo desconhecido para ela. Mais uma vez o medo tenta me impedir de evoluir, internalizar. O medo é limitante, um artifício do ego. Uma voz me diz para confiar, que o meu corpo e as minhas funções vitais ficarão bem, que eu devo entregar a minha mente e deixar fluir. Assim o faço. Um novo nível de conexão se inicia. Me vejo jogar fora, no escuro do Universo, diversos sentimentos ruins como raiva, frustração, ódio, individualidade e falta de compaixão. Sorrio toda vez que um desses sentimentos sai pela minha cabeça e um canal se fecha, emitindo uma forte luz. Sorrio novamente, sabendo que estou me tornando uma nova pessoa, aqui e agora, melhor do que antes. Os seres das estrelas podem nos ajudar e nos guiar, e eu quero ser guiada. Isso já está acontecendo. A verdade é que qualquer um de nós, nessa experiência humana, tem acesso a essas energias de cura e de renascimento. Nós apenas precisamos nos colocar num estado de presença, abrir o coração com muita fé, focar na respiração, e pedir para que o nosso Eu Superior esteja presente conosco nos guiando através das esferas de luz. Acredite!

Por alguma razão, ao longo da história da humanidade, fomos perdendo a nossa conexão com a Fonte - aquilo que nos torna espirituais e sobre humanos, capazes de experienciar o todo e a inexistência do tempo e do espaço. A criação de religiões e dogmas nos afastou fatalmente do nosso próprio poder interior, nos tornando seres julgadores que criam barreiras para experienciar o amor. Mas, do fundo do meu coração, eu acredito que temos o poder de mudar essa realidade. Acredito que um dia conseguiremos reverter todo o ódio e rancor em felicidade e amor.

O segredo está guardado dentro de nós mesmos, em nossos corações, e podemos nos conectar à universalidade a qualquer instante, se assim desejarmos. Nunca fomos deixados sozinhos nessa experiência. A inteligência suprema está disponível a todo momento, só basta acreditar.

Escrevi por horas nesse diário no dia de hoje, tentando relatar tudo o que aconteceu nos últimos dois dias, que foram tão intensos e reveladores. Amanhã será um longo dia de caminhada, mas com fé e total confiança na cura, caminharei as prometidas 8 horas e 15 quilômetros sem nenhuma dor ou queixa. Tudo vai ficar bem e na mais perfeita ordem. Eu me amo, me aceito como sou e vou conseguir chegar até o final, com o Universo ao meu favor.

Definitivamente, os dias de maior relaxamento e caminhadas somente na parte da manhã ficaram para trás. Na quinta-feira, o trajeto de Chumling até Deng foi longo, totalizando quase 18 km e passando por paisagens bem diferentes. Chumling faz parte do Tsum Valley e Deng já pertence ao circuito de Manaslu. Assim, a caminhada desse dia nos levou embora do Tsum Valley, para a minha tristeza. Observando a trilha nesse momento, já me sinto vitoriosa, pois somente ao descer consigo ter a dimensão do que subimos na semana passada. Foram, de fato, muitas ladeira, muitos degraus, altitude e trilhas perigosas.

Deixar o "Vale Escondido" é um pouco deprimente, porque amei demais esse lugar e as pessoas daqui. Todos se cumprimentam e sorriem um para os outros. Além disso, todos fazem a reverência com a palma das mãos juntas ao dizer Namastê, que significa tanto. As pessoas são agradáveis e verdadeiras em suas essências, provavelmente devido ao distanciamento do mundo exterior e de turistas pouco amigáveis. Penso que os locais de outras áreas mais populares para trekking, como Everest e o próprio Manaslu, já estão um pouco desiludidos com o comportamento de alguns estrangeiros diante desse lugar tão remoto, e por isso se fecharam à gentileza. No entanto, não me esquecerei dos tantos sorrisos sinceros que recebi no Vale e da alegria da vida simples e completa que

eles levam, em sincronia com a Natureza.

Ao atravessar uma ponte suspensa que separa os dois caminhos, adentramos ao circuito de Manaslu. A energia já muda e a quantidade de pessoas mais do que triplica. Paramos para almoçar no primeiro local ao cruzar a ponte. Sentei numa mesa na varanda, tirei minhas botas e meias - liberdade para os dedões -, quando enormes grupos de franceses, israelenses e italianos chegam ao restaurante. Os franceses pedem licença e se sentam na mesa comigo. São seis pessoas e nem todos falam "oi" ao se sentar.

Essa diferença cultural entre nós, brasileiros, e os europeus é gritante. Como alguém que foi criada sob os ensinamentos de "quem chega depois, precisa falar oi" ou "tenha educação e cumprimente as pessoas", sempre me choca como, em algumas outras culturas, as pessoas podem simplesmente sentar numa mesa, já ocupada por outra pessoa, sem olhar nos olhos e dizer "olá". Uma senhora mais simpática começou a falar em francês comigo, mas infelizmente eu não falo francês. Pergunto ao senhor ao meu lado há quantos dias eles estão andando e ele responde em inglês algo como "alguém pode responder? Meu inglês não é tão bom". Enfim. Termino meu almoço, peço licença em francês, me levanto e procuro um lugar para sentar ao sol. Percebo que, interiormente, estou um pouco fechada para algumas pessoas. Mas não deveria. Em breve estarei de volta à Europa. Me lembro da

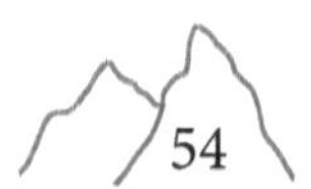

mensagem na meditação: "Pratique a compaixão..."

Seguimos caminhando por mais três horas depois do almoço. Duração total do trek: oito horas. Quando finalmente chegamos na hospedagem em Deng, me sinto bem cansada, mas, incrivelmente, não exausta. Tomo um banho frio e descanso no quarto. Está ventando bastante. Escuto uma mulher falando lá fora sobre um incêndio no morro ao lado de onde estamos e desejo não ter escutado isso. Relaxo um pouco mais e então vou explorar lá fora. Encontro Resham, Dev e mais um porter sentados à mesa conversando com uma menina suíça, que também está preocupada com o fogo. Até então, nenhum pânico se cria na minha mente. Dev diz para ela ficar tranquila e confiar que nada irá acontecer. Logo em seguida, ela vai embora e outra menina suíça chega, também se queixando do fogo. Esta já está em pânico, dizendo que sua pousada é a primeira do vilarejo, mais perto do fogo, e que portanto ela será a primeira a morrer.

Eu digo que isso não vai acontecer e que vai ficar tudo bem! Ela pergunta ao Resham qual o plano caso o fogo chegue ao morro onde estamos; ele diz que não há muito o que fazer, a não ser arrumar as malas e correr! Dev nos garante que há um rio entre esses dois morros e é impossível (ou muito improvável) que o incêndio se espalhe; que antes de cair a noite o fogo já terá se extinguido por lá. Apesar de tentar tranquilizá-la, o pânico já se instalou também na minha mente paranóica que adora criar cenários e diferentes soluções. Vou para o quarto rezar e reafirmar a minha fé de que vai dar tudo certo, mas, ao invés disso, outros medos começam a surgir. Perguntas invadem minha mente: "será que eu deveria ter finalizado minha jornada no Tsum Valley? E se algo acontecer enquanto estamos aqui? E se o fogo vier pelos dois lados?" Quando dou por mim, já estou me imaginando atravessando o rio de madrugada, lutando contra a correnteza e esperando um helicóptero de resgate enquanto vejo o fogo tomando conta de tudo.

De repente, me dá um clique e me recordo de um episódio que vivi na Índia há algumas semanas. Estava num templo de Ganesha, com minha instrutora de Yoga e uma colega de curso, quando decidimos comprar uma pequena estátua de souvenir para levarmos conosco. Nesse momento, percebo que meu cartão internacional não está na minha carteira e, naquela manhã, eu havia sacado dinheiro num caixa eletrônico perto do instituto de Yoga. Ao assimilar o infortúnio, minha mente começa a criar diferentes cenários: "Meu Deus, como vou sacar dinheiro no Nepal? Como fazer quando eu chegar na Alemanha, que não terei euros? É o fim!". Nisso, Shweta me repreende e diz que eu preciso ter fé e acreditar que encontraria o cartão no mesmo caixa eletrônico onde o esqueci mais cedo. Voltamos no tuk-tuk de mãos dadas, ela fazendo uma oração para Ganesha e extraindo a energia de preocupação de dentro de mim. Quando chegamos ao banco, o guarda do turno diz que ele mesmo encontrou um cartão verde ali mais cedo e que o entregou à gerente do banco. Portanto, eu encontrei o cartão! Não havia motivos para exaurir a minha mente dessa maneira com preocupações, planos e soluções, assim como agora. Deixa acontecer e confie que vai dar tudo certo. Essa é a filosofia nesse lado do mundo.

A melhor forma de sair desse ciclo de pensamentos excessivos quando se está sozinha é, literalmente, sair da toca e respirar. É o que faço. Decido que terei uma boa noite de sono, sem medos. Volto pra cama, fecho os olhos e apago, acordando com Resham batendo na porta e me trazendo um cobertor. Dormi tão profundamente que nem me lembro se sonhei. Acordo esticando os braços para cima e manifestando que irei atravessar essa sexta-feira, de 700 metros de ganho de elevação, sem maiores dificuldades.

O café da manhã foi às 6h30 e às 7h10 já estávamos saindo de Deng em direção a Namrung. Resolvo ouvir música durante todo o caminho para elevar a minha energia hoje e não me deixar levar por pensamentos destrutivos e de desistência. É assim que muitas pessoas passam mal ou ficam doentes durante esses longos treks. Tudo depende do seu estado mental. A trilha sonora da manhã fica por conta da perfeita Danit e Ministério Zoe. O visual da trilha, principalmente do rio que corta o vale, é magnífico. Me impressiono com a quantidade de água e sua força. Esse rio tem uma cor acinzentada.

A água exerce tanta pressão sobre as rochas que, em alguns pontos, se forma uma enorme queda d'água. O vale vai se abrindo e nos mostrando animais como os tars do Himalaia e árvores como as de grãos de pimenta, sempre avistados por Resham, olhos de águia. Em certo ponto da trilha, o caminho se transforma num bosque encantado. Mata fechada, árvores anciãs e rochas gigantescas pendentes dos morros.

Encontramos, ao passar por uma clareira, diversas crianças e dois adultos preparando os jumentos para subir morro acima. Sempre acho uma gracinha essas crianças e, ontem mesmo, brinquei com uma delas no vilarejo em Deng. Gosto de sorrir abertamente para elas e receber um sorriso fofo de volta. As crianças e seus jumentos vão nos acompanhando pelo caminho até cruzarmos um córrego. Lá, os animais param para beber água, assim como elas. Já estamos andando por mais de seis horas e, sempre nessa reta final, eu mal posso esperar para chegar ao destino do dia. Sendo bem sincera, por mais que eu esteja aproveitando cada segundo desse trek, chega uma hora que cansa subir tantos degraus de pedra e descer também. Mas, como bem disse Karkis, o holandês, não podemos perder o gosto e a diversão pelo exercício!

Faltando cerca de quarenta e cinco minutos para chegarmos em Namrung, passamos por uma fazenda de maçãs e eu experimento o suco orgânico. É gostoso, mas como não sou a maior fã de sucos de maçã em geral, decido comprar um pedaço de torta. Dessa sim, eu já sou a fã número um. A minha expectativa é chegar à casa de apoio, tomar um banho quente e saboreá-la.

Namrung é um vilarejo meio "fancy", luxuoso, comparado ao que vi até aqui. Tem um pórtico lindo e colorido e algumas lojinhas de artesanato. A hospedagem é padrão, como todas as outras, mas o chuveiro estava bem acima nos quesitos pressão, temperatura e conforto. Foi o melhor banho que tomei na Ásia até agora! Me sinto extremamente feliz e revigorada. Volto para o quarto e minhas pernas estão tão cansadas que deito com um travesseiro embaixo delas e me mantenho nessa posição até a hora do jantar. Na sala de jantar, conheço um simpático casal holandês e, conversando sobre as saudades de um bom café, descobrimos que aqui tem uma cafeteria com máquina de espresso de verdade. Durmo com o gostinho do café que me aguarda pela manhã!

Levanto às 5h45, faço minha prática de Yoga, me troco e vou pegar o prometido Espresso Doppio na cafeteria da tal casa de apoio ou hotel, que tem até mesmo sauna e hidromassagem. Mas, naturalmente, segundo palavras do próprio Resham, está fora do nosso orçamento! No entanto, fico satisfeita de saber que, pelo menos o café está dentro do meu budget. Namrung está a 2.600 metros de altitude, portanto já faz bastante frio por aqui.

Antes das 8 da manhã, começamos nossa caminhada, sempre cruzando pontes suspensas no trajeto. Toda vez que passo por uma, viro meu pescoço 180 graus para ver a paisagem do lado direito e do lado esquerdo. O rio de cor acinzentada é bastante forte, e o barulho da água ecoa no vale. O caminho até Lho foi tranquilo e, por uma vez, estive na frente de todo o resto do grupo, sentindo a liberdade de poder correr ladeira abaixo sem ter ninguém me observando ou me dizendo "cuidado, vai cair!". No meu rosto, havia um sorriso largo e um riso de criança. Acho muito engraçado como esses momentos em que estamos sozinhos, sem medo do julgamento, nos transportam para memórias e insights sobre nós mesmos.

O céu da manhã estava tomado por nuvens e névoa, portanto não tivemos a sorte de ter boa visibilidade das montanhas. Encontramos as ciclistas da trilha na parada do chá, e era aniversário de uma delas. São as duas suíças que conheci com pânico do incêndio

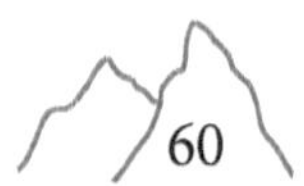

há dois dias e uma nepalesa, recordista de mountain bike. Nesse momento, eu estava compartilhando mesa e conversando com um alemão que conheci no Tsum Valley, ele tomando um chá preto e eu, mais um café. Olhando para as bicicletas das meninas eu tive que falar: "Nossa, eu jamais faria tal coisa, seria muito difícil para mim e eu confio mais nas minhas próprias pernas". E ele disse "é, eu também não. Não iria achar divertido carregar a bike nas costas durante a maior parte do caminho".

De fato, diversas partes da trilha são degraus na subida ou raízes de árvores sobressaindo-se pelo chão, isso quando não são deslizamentos de terra. Falando assim até parece ruim, mas eu acho muito divertido e fantástico! Enfim, isso deve dificultar enormemente a pedalada. Com isso, expresso meu respeito e admiração a essas três mulheres que estão conquistando esse desafio! E a minha lição com isso tudo é: quando se deseja algo, nada é impossível.

O almoço foi em Lho, num terraço fechado muito aconchegante que em teoria tem vista 360 graus para as montanhas, mas, com o dia nublado não tive a sorte de ver. Pelas janelas da sala de jantar, conseguimos ver o novo monastério da vila, ainda em construção, e o antigo, ambos no topo de morros. Todos os cantos da vila são tomados pelas tradicionais bandeiras budistas, balançando rapidamente pelo vento forte lá fora. Estou com uma preguicinha e uma vontade grande de deitar e cochilar, mas ainda preciso caminhar mais duas horas até Shyala. Durante o trek não se tem escolha, ou continua andando ou continua caminhando.

Saímos do restaurante e as ruas estão movimentadas de pessoas carregando enormes tábuas de madeira amarradas pela testa, como sempre, com um fita e uma tira. Mais à frente, vemos um cavalo e um burro brincando de correr pela ruazinha em que estamos andando. Eles correm e levantam a poeira de um lado para o outro. Não consigo segurar o riso ao ver essa cena tão engraçada e linda.

Um senhor que caminha ao nosso lado também sorri ao ver a situação. Andamos mais e encontramos ainda mais gente carregando tábuas; é realmente uma grande quantidade de madeira. Por fim chegamos ao centro de distribuição do material de construção, que será carregado pelos jumentos até Deus sabe onde! Há dezenas de jumentinhos já equipados com vergalhões, tábuas de madeira e sacos de cimento em seus lombos.

Um pouco mais adiante, vemos um campo de futebol sendo aberto por crianças de todas as idades com enxadas na mão. Isso tudo num sábado. Visivelmente é um dia de construção em Lho. O primeiro grupo de jumentos já iniciou sua jornada, seguindo a trilha antes de nós, portanto iremos compartilhar todo o percurso com eles. Alguns porters decidem se sentar no chão e se juntar ao grupo de mulheres e crianças que também estão por lá, a fim de esperar a caravana passar. Mas Resham decide seguir caminho e, de repente, estamos entre dois grupos de jumentos, comandados por dois "donkey drivers" ou condutores de jumentos. Sério, eu estava achando tudo isso hilário! Se eu estava com sono, já não me lembro mais. Esse trek acabava de se tornar interessante e engraçado. Os burros são animais tão inteligentes que o de trás sabe que não pode se aproximar muito do grupo da frente, pois eles andam em subgrupos, sob diferentes comandos. Assim, eles mantêm uma distância segura, evitam congestionamento na trilha ou até mesmo, quem sabe, um engavetamento de burricos.

Ao chegarmos a uma ponte suspensa, decidimos sentar para beber água e deixar que os jumentos dos subgrupos I e II passem. Eles cruzam o riacho e sobem lentamente a ladeira que sempre existe antes e depois de uma ponte dessas aqui na Área de Conservação de Manaslu. Em seguida, encontramos um enorme grupo de doze italianos e o mais engraçado acontece: trânsito de gente e jumentos na beira do rio, em cima de pedras. Eu rio disso tudo e me divirto com a situação. Nesse ponto do trek, eu e Resham já conseguimos nos comunicar só pelo olhar. Sempre fazemos uma piada ou outra sobre o cocô dos jumentos, ou então ele ri de mim, expressando a minha imaginação fértil, criando várias histórias diferentes com o que vejo ao meu redor.

Sentamos em uma pedra para esperar todo mundo passar. Rio do Resham e da sua estimativa

de tempo para chegarmos em Shyala. Ele diz algo como "últimos vinte minutos para quarenta minutos". O que isso significa para você, que me lê? Vinte minutos que faltam para os últimos quarenta ou de vinte a quarenta minutos no total?!

Dali pra frente, o caminho é só subida, e à pessoa cansada que vos escreve, só resta falar bobagem! Os cerca de quarenta e cinco minutos finais foram somente de subida. Encontramos novamente os italianos sentados ao pé da ladeira descansando. Nessas trilhas é sempre assim: um grupo te passa e dali a quinze minutos você passa o grupo mais uma vez, e assim é até chegarmos ao destino final.

Decidi andar de ré para descansar os joelhos numa ladeira cheia de pedras soltas e pequenos degraus. Claro que iria dar certo! No terceiro passo para trás, caí sentada no chão e comecei a rir. Em seguida, pergunto ao Resham se alguém já fez o circuito de Manaslu montado a cavalo e quanto custaria se eu quisesse alugar um de Shyala à Dharamshala. Ele começa a rir. Acho que Resham nunca deve ter tido uma cliente tão aleatória antes! Ele diz que eu teria que pagar provavelmente uns duzentos dólares, e eu digo que vale a pena, pois assim poderiam colocar um quadro meu montada num cavalo no Museu Nacional do Nepal, como a primeira turista a chegar no Pass cavalgando. Rimos até finalmente chegarmos ao pórtico de Shyala.

Ainda está claro e podemos ver as montanhas que cercam o vilarejo, apesar das nuvens. Há muitas

pessoas transitando para lá e para cá, e me pergunto se elas fazem ideia do quanto são sortudas por morarem num lugar tão divino quanto este. Agora entendo o que Resham disse com "se você está apaixonada por Chokkamparo, espere chegar em Shyala".

Meu quarto é no segundo andar da pousada, logo acima da cozinha, o que faz com que o calor (e um pouco de fumaça) suba por entre as tábuas de madeira do piso. Decido deixar um lado da janela aberto durante a noite.

A sala de jantar tem uma lareira para aquecer o ambiente, que é tão frio. Sento lá com meu diário e o mapa de Manaslu. Conheço duas mulheres da Coréia do Sul, que se interessam pelo meu mapa, e então começamos a conversar sobre os próximos dias. Mostro a elas por onde andei no Tsum Valley.

Às 22h da noite começo a escutar do meu quarto pessoas cantando e tocando sinos. Imagino o que está acontecendo lá embaixo, mas estou cansada demais para ir descobrir.

Deito para dormir extremamente ansiosa e animada para acordar e ver o sol nascendo por trás da oitava montanha mais alta do planeta, Monte Manaslu.

Capítulo 4

Manaslu

28.04.2024

Jamais imaginei que eu seria tão feliz a 4.200 metros de altitude. Ainda assim, hoje foi um dos dias mais felizes da minha vida. É difícil escolher quais são os dias mais felizes das nossas vidas, ou nossas melhores memórias. Refletindo sobre isso hoje, nas montanhas, algumas datas me vieram à mente: o dia do meu casamento, e o nascimento do Bernardo, meu irmão mais novo. Mas também houve outros dias, como quando fui à floresta de pinheiros em Garmisch-Partenkirchen e o céu estava amarelado. Foi um dia especial, pois ocorria um fenômeno onde a areia do deserto do Saara estava sendo transportada pelo vento até os Alpes. Houve também o dia da minha festa de formatura e da colação de grau na universidade, onde minha família estava toda presente, marcando o fim do desafiador ciclo da faculdade de Engenharia Química. Por último, e não menos importante, o dia em que me conectei integralmente com Deus pela primeira vez, morando na casa da Grama, no bairro rural de Engenheiro Paulo de Frontin, cidade do Vale do Café onde eu nasci, no interior do Estado do Rio de Janeiro.

Essa noite não dormi direito, não consegui relaxar completamente, tamanha era a expectativa de ver Manaslu pela primeira vez. Inclusive sonhei que tocava a montanha, colocando a palma da minha mão direita numa parte preta e rochosa. Acordei às duas da manhã com o barulho da ventania lá fora, o que é um bom sinal, já que o vento leva as nuvens embora. Choveu durante a noite, mais um bom sinal de neve nas altas altitudes. Comecei a mentalizar repetidamente que a manhã seria de céu claro e azul. Depois disso não consegui dormir profundamente, tive um sono leve e fiquei olhando o relógio até cinco da manhã, quando saí ao terraço para olhar o céu e os arredores.

Às 5:15h a lua minguante ainda estava a postos no céu, entre os picos de duas montanhas, porém havia ainda algumas nuvens em volta. Não consegui ver Manaslu. Por estar acima de oito mil metros de altitude, seu duplo pico é facilmente coberto por nuvens, como se estas fossem atraídas por esse lugar de vibração diferente. Cerca de uma hora depois, após minha prática de Yoga e breve meditação, saio do quarto novamente e, finalmente, consigo ver essa espetacular montanha, um vislumbre de puro encanto. Manaslu está a 8.163 metros de altitude e possui dois picos, que se diferem um do outro por apenas 16 metros. Na imaginação, eles parecem um chifre, um mais pontudo e outro mais arredondado, ambos completamente brancos e cobertos de neve. Eu me sentia tão realizada que já queria chorar ali mesmo.. Fiz um milhão de fotos e vídeos, tentando ao máximo guardar a imensidão daquele momento, minha primeira vez vendo Manaslu sob a benção do céu azul.

Logo chegam Resham e Dev ao terraço para mais uma sessão de fotos, mas, dessa vez, de nós com Manaslu ao fundo. Nos preparamos com um belo café da manhã para caminharmos em direção ao Monastério de Pungen Gompa, que fica escondido no vale, entre todas as montanhas que vemos daqui, logo abaixo de Manaslu. A ascensão seria de 700 metros, e eu atingiria a maior altitude desde o início do trek. Nem pensei muito sobre isso, porque, como vamos passar outra noite aqui em Shyala, essa seria uma excursão prazerosa para mim, sem pressa e sem pressão. Fomos andando devagar e tranquilamente. Os primeiros trinta minutos foram, como sempre, mais exaustivos, porque o corpo ainda está aquecendo e se adaptando às menores quantidades de oxigênio. No entanto, dali pra frente foi mais tranquilo. Fomos aos poucos progredindo bem e, naturalmente, tirando muitas fotos pelo caminho. Dev também caminhou conosco hoje, como sempre à frente; por isso ele perdeu uma parte da nossa sessão de fotos.

A paisagem era espetacular do início ao fim. Podíamos ver os picos de quatro montanhas diferentes além de Manaslu, todos cobertos de neve fresca, devido à chuva da noite passada. Até mesmo os morros mais baixos e o próprio chão estavam cobertos de neve. Também já víamos correr águas de degelo, pois o sol já batia e aquecia a neve do topo das montanhas. Vi um campo cheio de florzinhas amarelas e lilases e me impressionei com como a natureza vive até nos locais mais improváveis. Ela vive em todos os lugares! Nós, humanos, nos achamos grandiosos pelas ferramentas que criamos para nos trazer conforto e nos permitir habitar o planeta. No entanto, há lugares em que a humanidade é incapaz de sobreviver e, ainda assim, a natureza esbanja glória em seus ciclos perfeitos de nascimento, crescimento e expiração nesse mundo.

Olho a bússola do meu celular e estamos a 4.200 metros de altitude. Com toda a água que bebi, preciso parar para fazer xixi, e aí vem um fato curioso e engraçado: a urina congela ao bater no chão. Como estou escondida atrás de uma rocha, gotas d'água começam a cair na minha cabeça: o gelo grudado ao musgo lentamente descongela com o calor do sol.

Mais acima no chão nevado começamos a brincar, fazendo bolinhas de neve e jogando uns nos outros. Resham deita na neve e começa a fazer o anjo, mexendo os braços e pernas no chão. Depois ele escreve meu nome em letras grandes e maiúsculas: Guta, Brasil.

Na altitude em que estávamos, tocávamos os pés das montanhas. Olhando de baixo não parece ser tão difícil subir ao cume. Acho que a mente não consegue assimilar que ainda há mais quatro mil metros acima de onde piso. Sem contar a quantidade

de neve no chão que, sem dúvida, faz os pés e as pernas afundarem a cada passo.

Alcançamos uma clareira no vale, que se pareceria com uma praia, se não fossem todas as montanhas congeladas ao redor. A água de degelo começa a formar um riacho, que por vezes precisamos atravessar, embora a maior parte do solo ainda esteja coberta de neve. Nesse momento, encontramos o grupo de franceses, que saiu de uma vila diferente da nossa, mas chegou aqui no mesmo horário que nós. Além desse grupo também chega um casal com seu guia.

O monastério de mais de 500 anos de idade está lá, bem abaixo de Manaslu. Centenas de bandeiras budistas penduradas de um lado para o outro e construções encostadas na rocha. Observo três pequenas casinhas, onde a parede de fundo é a própria rocha da montanha, com portas e janelas de madeira. Uma delas, a menor, é visivelmente bem antiga e tem um charmoso telhado vermelho. O interior do monastério estava fechado, pois, segundo Resham, só abre em datas específicas no ano. Há um templo branco de adoração no meio de tudo, localizado numa linha reta em frente ao templo principal. Todos decidem se sentar ali nas pedras que formam uma pequena mureta, e então eu me levanto e vou sentar sozinha mais à frente, olhando para Manaslu e para todas as outras montanhas em volta de nós.

É difícil descrever o que vejo: estou sentada sob

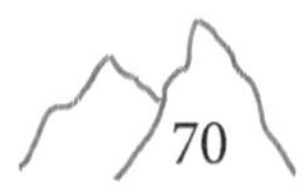

uma pedra gelada, com neve a todo o meu redor. Na minha frente, a perfeição dos morros escuros mais baixos que se intercalam e se abrem, deixando um espaço perfeito para a observação de Manaslu. Atrás de mim, uma sequência de montanhas, que puxam as nuvens e as fazem se fundir com a neve em seus picos. À minha esquerda, mais montanhas, que se abrem numa curva levando à uma paisagem igualmente fantástica, que ainda não vi. À minha direita, morros de tom marrom e cinza, com o horizonte se abrindo em branco.

O que estava na frente dos meus olhos era tão meu sonho que comecei a chorar e a sorrir. Fui tomada pela emoção de estar tão imersa na natureza, com o som das águas jorrando de uma cachoeira e o sol tocando meu rosto. Nesse momento agradeci pelo privilégio de estar ali, realizando mais esse sonho na minha vida. Agradeci a Deus, à mãe Natureza e a mim mesma, por não ter desistido. Pela força que Deus tem me dado ao longo desses onze dias. Também pedi ao Universo que me mostrasse como ser o melhor que eu posso ser, como ajudar a humanidade e como transmutar a energia negativa do mundo em positiva. Tenho certeza de que todas as forças sagradas que me guiam me escutaram ali, no aqui e agora.

Resham vem até mim para checar se está tudo bem, já que permaneci sentada por uns bons dez minutos somente contemplando o meu redor. Levanto e sinto minha bunda extremamente gelada, mas faz parte. Nos juntamos ao restante das pessoas. Decido gravar um vídeo sorrindo, e Resham aparece no fundo, dançando sem música. Nesse instante, o guia engraçado do grupo de franceses decide se juntar a nós e começamos os três a dançar e a cantar "Resham Firiri"! Os outros somente nos observam, alguns sorrindo, alguns perplexos com tamanha espontaneidade. Essa é uma canção folclórica nepalesa muito famosa, que pode ser traduzida como algo semelhante a "Seda Voando ao Vento". A letra fala sobre voar livremente como seda, que é uma metáfora para a liberdade, a conexão com a natureza e a paz de ser quem é. Então a coreografia é sobre bater suas asas e voar! Livres!

"

[...]
Resham Firiri...,Resham Firiri
Udera Jaamki, Dadama Bhanjyang
Resham Firiri
[...]"

Como um chocolate para dar um boost de energia e iniciamos o caminho de volta, percebendo que toda aquela neve se encontra agora derretida, transformando a "praia" em um lamaçal arenoso. Nossas botas rapidamente ficam imundas, e os pés afundam quando passamos por áreas mais densas. O riacho triplicou de tamanho. Somente ao deixarmos a clareira o solo volta a ser mais seco e estável.

Resham conhece bem a trilha, por isso mudamos a direção em que estávamos e cortamos caminho pelas pedras, cruzando o rio por uma pequena ponte feita de troncos de árvore. Preciso admitir que minha perna esquerda começa a doer, tornando a caminhada mais difícil. Penso "por que será que isso está acontecendo?". Na minha mente criativa, começo a criar justificativas como: "é a segunda vez que sinto essa dor aguda, coincidentemente na segunda vez que desço da altitude das montanhas... talvez a minha alma queira morar aqui para sempre, na natureza selvagem".

Estando nos Himalaias, mesmo com todas as dificuldades, não consigo parar de pensar o quanto eu quero voltar aqui. Digo a Resham e Dev que vou voltar para a Europa, fazer dinheiro e depois construir uma casa lá em cima nas montanhas, no meio do nada; há alguns dias atrás também sugeri construir uma escola de idiomas para as crianças em troca de alimentação, que seria fornecida pelos pais. Eu só preciso de uma casinha, aquecedor e todo o resto. Sem problemas.

Finalmente, chegamos de volta à pousada em Shyala, e sinto que nada pode ser mais lindo do que o que vi hoje. Foi muito especial estar lá, em um dia tão lindo, com tudo coberto de neve e um céu azul iluminado pelo divino Sol. Espero que esse sentimento de paz e plenitude nunca me abandone, onde quer que eu esteja.

O dia de hoje era para ser fácil: pouca elevação e apenas quatro horas de caminhada. Começamos com o café da manhã, no horário habitual, às 7h da manhã. Em menos de cinquenta minutos, já estávamos a caminho. Dev, como sempre, saiu na frente em velocidade acelerada. Passamos por duas pontes suspensas ao longo do percurso. É engraçado que sempre há cocô de animal no vão entre as placas metálicas. No início do trek, até perguntei ao Resham se aquilo era proposital, para funcionar como uma espécie de "cola", ou se o cocô simplesmente caía conforme os burros ou yaks iam passando. Resposta correta: a segunda. Só sei que foi assim.

Antes da primeira ponte, enfrentamos o que foi a subida mais desafiadora do dia. Na verdade, nem teria sido tão difícil, se não fosse devido ao fato de ser no início da caminhada diária. Isso tudo para dizer que hoje foi um dia "flat", ou seja, plano. Quando estávamos na altura do Birendra Lake - um lago de altitude onde houve uma avalanche na semana anterior, enquanto estávamos no Tsum Valley - descobrimos que a ponte que ligava os dois lados do rio também havia sido levada pela avalanche. Em seu lugar, os locais colocaram um pedaço de um tronco de árvore. Olhando ao redor conseguíamos ver a enxurrada de pedras que veio descendo desde o lago, além de troncos e pedaços de madeira.

As primeiras a atravessarem foram três francesas,

que vi no almoço no primeiro dia de circuito Manaslu. Vi uma delas atravessando, apoiando os dois bastões de trekking no fundo do rio. Porém, como o meu bastão de trekking é um humilde pau de madeira, eu não poderia fazer o mesmo. Pedi ao Resham o pedaço de bambu (oriundo de Namrung, que também deveria ser meu) e comecei a atravessar, mantendo o equilíbrio. Foi então que tive a brilhante ideia de pedir ao guia das francesas que segurasse o outro lado do bambu, equilibrando assim o meu centro de gravidade. A partir daí, só andei na prancha. Tudo isso aconteceu em menos de trinta segundos. Missão concluída com sucesso.

Depois dali, chegamos a mais uma parte plana e aceleramos o passo. Adivinhem o que aconteceu? Comecei a sentir novamente a dor entre a virilha e a perna esquerda.

Nesse momento, entendi a causa da dor. Nas três vezes em que ela se tornou aguda, estávamos andando em terreno plano. Meu guia, por ser naturalmente mais alto do que eu (como a maioria das pessoas) tem uma amplitude de passos maior do que a minha. Para manter o ritmo, acabo, sem perceber, alongando demais o meu passo, o que causa uma hiperextensão no tendão da perna esquerda, que é o lado mais forte do meu corpo. O problema é que, quando a dor se intensifica, a mente só consegue se concentrar nela, o que torna a caminhada ainda mais difícil. Ontem, cheguei a mancar e ainda por cima tive que pular pedras do caminho, o que não ajudou nada na recuperação. Hoje, decidi que sempre que sentisse necessidade, eu iria parar, sentar, alongar e aplicar a pomada para os ligamentos. Contei ao Resham a causa da dor e, como conclusão, descobri que eu preciso simplesmente andar mais devagar.

Quase chegando a Samdo, nosso destino do dia, há um rio com uma ponte de madeira que conecta os dois lados. Ela ainda está lá, firme e forte, apesar de antiga. Samdo é um vilarejo no alto de um morro, cercado por um rio que faz um duplo "S" no meio do vale. Vejo muitos e muitos campos sem qualquer plantação, e muitas pedras que possivelmente serão cobertas por água no período das monções. Também vejo um prédio destoante do restante das construções, eu diria até esquisito, que poderia potencialmente ser uma prisão ou uma escola. Rio da minha própria comparação, mas você sabe como é: uma caixa retangular de concreto com diversas janelas fechadas por grades e uma única porta de entrada e saída. Nesse caso, é uma escola.

Comparado a Sama Gaon, vilarejo onde fizemos uma pausa hoje para o café, aqui não há muita coisa. Samdo tem uma atmosfera de mistério, enquanto Sama Gaon transmite a energia de uma cidade, com hotéis, cafeterias, lojinhas de roupas e artesanatos.

Lá, eu inclusive tomei um capuccino com dose dupla de espresso, que estava delicioso. Os grãos de café eram locais dos Himalaias, o que me deixou muito feliz. Além disso, vi uma grande escola, templos e pessoas trabalhando nas plantações.

Tomei conhecimento de que as escolas operam em regime de temporada, portanto por alguns meses a unidade de Sama Gaon é a que funciona, e por outros a de Samdo. Dessa forma, as crianças de um vilarejo e do outro precisam caminhar por cerca de duas horas, todos os dias, para estudar. O acesso à educação está longe de ser prático na região dos Himalaias. As oportunidades não estão sempre disponíveis para os nepaleses, tampouco para os brasileiros.

Ainda em Sama Gaon, passamos também por um posto de identificação, onde precisamos mostrar nossos documentos e a permissão para realizar o circuito de Manaslu. Os oficiais me disseram que sou a única pessoa do Brasil a passar por lá em muito tempo. Nessa semana, não há nenhum outro brasileiro por aqui e tampouco vi qualquer outro sul-americano. Isso faz com que eu me sinta especial e pioneira, mas também um pouco chateada em saber que poucos brasileiros se interessam por vir aos Himalaias. Acho que a nossa cultura valoriza mais o descanso, relaxar na praia, do que passar dezoito dias caminhando por trilhas e deslizamentos de terra.

Voltando ao tema Samdo: na subida do morro final, o vento tocava flauta novamente, soprando com toda intensidade ao redor do vale. A combinação de altitude, subida e vento dá muita sede, acredite. Termino minha garrafa d'água numa só golada e na força do ódio, porque não via a hora de chegar.

Durante todo o trajeto pensei muito no meu marido, Till, e no nosso reencontro, imaginando cenas e situações. Também pensei muito no meu cachorro, Linus. Acho que realmente estou com muita saudade e o coração quer extravasar, embora as lágrimas não caiam. Em dez dias estarei em Berlin, na nossa nova casa. Quanto mais se aproxima a data, mais a saudade aperta. Assim como quanto mais perto do destino final daquele dia, maior a minha vontade de chegar.

Na hospedagem, há um terraço onde tomei sol depois do almoço. Estava frio e tomei um banho de balde. A torneira quente não estava funcionando, portanto foi preciso ferver água na cozinha e Resham trazer o balde para o chamado "banho de gato".

Conheci então um rapaz francês que se sentou no terraço para tomar sol e fumar o seu vape, ou cigarro eletrônico. Ele conta que também esteve na Índia antes de vir para cá, em um estado mais a Sul, bastante progressista. Ele diz que encontrou um lugar onde pôde fazer voluntariado, trocando seu trabalho por hospedagem. O que era pra ser apenas algumas semanas acabou se tornando três meses. A líder do local é uma Yogini famosa, que viaja o mundo palestrando e tem diversos Ashrams ao redor do mundo. O mais importante, que é o nome dela eu me esqueci.

Na hora do almoço descobri mais uma especiaria local: uma pimenta forte que eles fritam e chamam de "peixe das montanhas". É extremamente ardida

e tem gosto de queimado. Mas, naturalmente, eu experimentei. Já estou ficando famosa entre os guias pela minha resistência a pimentas, e Resham ajuda a aumentar essa fama, sempre trazendo um potinho de pimenta vermelha nas minhas refeições.

Mais tarde, eu meditei no terraço e depois decidi andar pela vila. Pela primeira vez, senti um impulso de levar algum dinheiro comigo, algo incomum, uma vez que sempre deixo minha carteira no quarto e nunca tenho a intenção de gastar. Entrei em uma ruela que levou à vila dos locais, com diversas casinhas uma do lado da outra. Peguei uma saída à esquerda e encontrei um paredão de escrituras budistas, gravadas em pedras e empilhadas ao redor de uma construção da altura de meia parede, os Mani Walls.

Na volta, avistei uma vendinha de artesanatos e parei para olhar. Um apito pendurado em um chaveiro me chamou a atenção. Ele era de aço e em cada um dos lados havia um desenho representando símbolos budistas. Logo, uma senhora que não falava inglês se aproximou, e perguntei quanto custava o apito. Exatamente o valor que eu havia trazido comigo. Decido comprar o apito e tiro uma foto com a senhorinha fofa para guardar de recordação. Logo chega um homem, provavelmente da família dela, e quando eu digo que sou do Brasil ele logo diz "hey, Brasil futebol!".

Nossa última maçã foi consumida hoje, e Resham pede aos cozinheiros que façam uma

torta, semelhante a que comi na fazenda de maçãs. Me sinto feliz e mimada! Quando a torta chega, naturalmente divido com Resham e Dev, e vejo os outros guias e porters acenarem com a cabeça como se estivessem me parabenizando por dividir com eles a minha torta.

Acredito que a maior parte dos turistas não se comporta assim, por isso eles ficam satisfeitos ao verem valores como solidariedade e compaixão serem praticados na hora das refeições. As frutas eu também sempre compartilho com eles. Afinal, todos nós estamos caminhando igualmente e, da mesma forma, precisamos de vitaminas e açúcares.

Por alguns minutos, me sento com o rapaz francês e o restante de seu grupo, um casal formado por uma paquistanesa e um italiano. Eles estão curiosos sobre o Tsum Valley e me pedem para contar histórias de lá. Sem dúvida, as barreiras foram o ponto alto, principalmente uma bem grande que precisamos atravessar num dia extremamente quente. Fiquei com tanta sede que quase desfaleci no meio da travessia, mas Resham não me deixou parar por causa das pedras deslizantes. Só pude beber água quando ultrapassamos o ponto onde havia uma placa sobre os deslizamentos de rochas. Digo a eles que no momento foi estressante, mas que agora tudo isso era divertido. Eu havia sobrevivido!

Capítulo 5

Larke La Pass

02.05.2024

O texto de hoje é um compilado dos últimos dias. Na terça-feira, saímos de Samdo em direção a Dharamshala. O dia amanheceu frio, e eu sentia o chão gelado mesmo com duas meias e a bota de trekking. Por alguma razão, minhas extremidades estão sempre muito frias, e preciso aquecê-las para esquentar o restante do meu corpo. O sol estava encoberto por algumas nuvens, e estávamos ganhando altitude, o que contribuiu para a sensação de "cenário geladeira". Mas a subida em si foi tranquila, exceto aqueles trinta minutos desafiadores para os pulmões. A 4.400 metros de altitude, o organismo precisa de um tempo para se acostumar à quantidade limitada de oxigênio. Muitas pessoas passam mal em ambientes assim, mas felizmente eu não fui acometida por nada.

No hike de hoje, decidi que iria novamente bem devagar e relaxada, só curtindo a paisagem. Fomos andando sem grandes desafios, até chegar ao cruzamento de um rio. Os locais construiram uma barreira de rochas dispostas dentro de uma grade metálica, e essa era a forma de travessia. Perto de um templo budista, depois de subir a ladeira íngreme, logo após uma ponte suspensa, o sol apareceu, e uma das meninas ciclistas estava sentada lá tranquilamente observando a paisagem enquanto esperava sua amiga e parceira de pedal. Em seguida, Resham avistou diversos animais descendo o morro ao nosso lado direito, os conhecidos cervos-almiscareiros. Eles se parecem com veados, e os machos possuem presas que se projetam da boca. Decidi sentar ali e ficar os observando, torcendo para que eles se aproximassem de nós. No entanto, a maioria dos animais não se aproxima dos humanos; eles têm medo, e com razão. Somos a raça mais perigosa que habita esse planeta. Nosso medo e temor do desconhecido nos leva a atitudes drásticas, muitas vezes ao extermínio de outras espécies. Todos os seres humanos deveriam praticar a não violência, assim como os Budistas e Hindus. Talvez não tivéssemos tantas espécies correndo o risco de extinção.

Após algum tempo de observação e relaxamento deitada na grama, continuávamos andando quando avistei uma subida, logo depois a um deslizamento de terra, exatamente do jeito que eu adoro aqui no Nepal. Um pouco de suor, uma dose de exaustão e chegamos ao topo. Conheci um pai e seu filho, canadenses, que estão fazendo um trekking longo pela primeira vez, assim como eu. Sempre converso com as pessoas ao longo do caminho. Faz parte de quem eu sou.

O destino do dia não estava longe, e todos nós

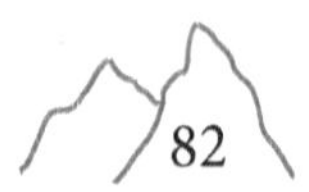

já podíamos sentir o peso de estarmos ali como uma vitória. No entanto, nos concentrávamos para o maior desafio que ainda estava por vir no dia seguinte: a travessia do Larke La Pass.

Chegamos em Dharamsala antes das 11 horas, exatamente às 10h45 no meu relógio. A "vila" é, na realidade, apenas um acampamento dividido em três pavimentos: o velho abrigo de pedras e os dois mais novos, feitos de material térmico isolante. Há também uma casinha de pedra com um banheiro para cada um dos abrigos. Resham já havia me avisado que aqui eu precisaria dividir quarto com alguém, o que não foi um problema. Mas eu não imaginava que seriam quatro camas de pallet preenchendo todo o espaço da cabana, com apenas um pequeno espaço para os mochilões aos pés da cama, em frente à porta de entrada. Fiquei no quarto número 4, junto com o casal que eu já tinha visto no dia de Pungen Gompa. Éramos três, e torci para que outra pessoa não chegasse e ocupasse a caminha entre nós. Essa cama vazia nos daria definitivamente um pouco mais de espaço.

Enfim, nos apresentamos e automaticamente já começamos a conversar. Eles moram em Vancouver e estão juntos há oito anos. Nunca passaram mais de cinco dias sem se ver, ao contrário de mim e do Till, que já ficamos longos três meses longe um do outro. O sol brilhava lá fora e decidi procurar um lugar para me sentar e pegar todo o sol que eu pudesse naquele dia. Encontrei uma pedra com formato de poltrona

- parece até que a havia colocado ali de propósito - e me sentei com meu livro no colo. A paisagem ao redor era simplesmente fantástica. Cercada de morros e montanhas, com topos cobertos de neve, a atmosfera era de profundo mistério. Acho que todos tinham a expectativa de um dia de travessia por geleiras, mas ninguém esperava o que estava por vir.

Quando deitamos para dormir, ainda eram 18h40. O café da manhã estava marcado para 3h45. Pedi porridge, uma papa quente que satisfaz e aquece seu corpo para a caminhada na madrugada fria. Não dormi muito bem essa noite, pois estava preocupada em atrapalhar o sono alheio nessa configuração tão pequena de quarto. Acabei tendo um um pesadelo: sonhei que uma pessoa caía, levava dez pontos na cabeça, e eu via tudo isso. Acordei no susto e ainda eram 22h. Por fim, acabei dormindo profundamente.

Acordamos com o despertador tocando às 3h da manhã, e Daniel (o canadense) comentou que havia nevado muito durante a noite, cerca de 5 centímetros cobrindo o chão. Saí do quarto para fazer xixi e o céu estava muito estrelado, como eu ainda não havia visto por aqui. Pontinhos brancos de luz brilhavam na imensidão escura do céu, e o solo coberto por um manto branco de neve. Estava muito, muito frio, mas eu só tinha motivos para sorrir.

Tomamos café na pequena sala de jantar, e todos estavam com alta expectativa, desejando boa sorte e uma boa jornada. Dez ou quinze minutos depois de comer, já tivemos que sair caminhando. Minha barriga começou a revirar, quando percebi que o Porridge era feito de grãos de trigo fervidos em água, e eu tenho sensibilidade ao trigo. Eu estava cheia de gases e, para piorar, atrás de mim havia uma fila de pessoas com suas lanternas. Era o pior momento possível para ter flatulência. Precisava abrir espaço para poder soltar meus gases em paz. Pedi um tempo ao Resham e deixei o grupo de trekkers passar. Não conseguia acreditar que gases me deixariam mais desconfortável do que a altitude de quase 5 mil metros por onde eu caminhava.

Atrás de nós, o sol começava a nascer, pintando o céu com uma sequência multicolorida, do amarelo ao rosa. Eu estava maravilhada e queria parar toda hora para contemplar a natureza ao meu redor. Enquanto isso, do outro lado, a lua brilhava acima das montanhas, trazendo um prateado àquela imensidão dourada. Ao observar tudo isso, eu só conseguia ser grata e me imaginar vivendo em meio a toda essa natureza. Na minha mente, os pensamentos eram "eu quero morar aqui e acordar na presença sagrada das montanhas diariamente". Nada é impossível quando se deseja algo com força.

Caminhávamos quando o vento começou a soprar bem forte. Rajadas de vento e neve batiam violentamente no meu rosto. Se antes, há alguns dias, o vento soprava como flautas, hoje tocava uma sinfonia severa e acelerada, sem pena de quem estivesse ali tentando vencer a altitude e sem o menor conhecimento da ventania que estava por começar. A intensidade era tanta que, por vários momentos, precisamos parar no sentido contrário ao vento, apenas deixando que ele batesse. Não havia outra escolha. Firmávamos o bastão de caminhada no chão congelado e inclinávamos o corpo para frente, na tentativa de manter o equilíbrio perto dos precipícios. Mesmo com gorro e capuz, eu sentia o vento a mais de 100 km/h invadir meus ouvidos, me causando uma sensação de tontura e impotência. Para ser sincera, eu comecei a sentir raiva. Tudo à minha volta me irritava: as duas golas de casaco, cachecol, gorro, duas luvas e o lenço que eu usava constantemente para limpar melecas. Em alguns momentos, o vento me bagunçava tanto que eu queria gritar e abrir tudo. O cadarço do capuz estava congelado, e eu tentava desfazer o laço com a mão duplamente enluvada e não conseguia, tampouco com os dentes. O frio do cadarço gelava meus lábios. O óculos de sol me irritava, o gorro caindo sob meus olhos me irritava, o vento entrando nos meus ouvidos me irritava. Com toda essa distração, num dado momento eu puxei meu gorro para baixo cobrindo meus ouvidos e gritei "AHH", de tanta adrenalina e raiva. Resham massageava a minha cabeça, tentando fazer com que eu me sentisse melhor.

Se algo se desenvolveu nesses dezoito dias, foi a amizade entre nós. Afinal, há algumas horas, ele precisou até mesmo suportar meus peidos causados pelo glúten. Dev também esteve mais próximo hoje, tomando conta de mim nos precipícios e no chão escorregadio de gelo. Mas, claro, em alguns momentos ele seguiu à frente, como sempre!

Apesar do vento forte e dos ataques de raiva, nos momentos em que conseguia alinhar meus pensamentos, eu sentia prazer e felicidade. No primeiro ponto alto, onde as montanhas se abriam, paramos, e eu precisei fazer xixi. Mas não se esqueçam: o vento ainda soprava a mais de cem quilômetros por hora. Procurei um lugar mais escondido e me agachei, enfrentando a dificuldade tamanha que é para uma mulher fazer xixi ao ar livre, agravada pelas duas calças e várias camadas de casaco. A urina quente derretia a neve, abrindo um buraco. Foi assim que consegui ter a dimensão de que havia, pelo menos, uns trinta centímetros de neve abaixo dos nossos pés. Quando vinha uma rajada de vento, qualquer líquido que estivesse fluindo era instantaneamente congelado, inclusive na minha bota. Ou seja, para melhorar as minhas condições, agora eu tinha xixi congelado na bota. Mas sinceramente, eu não poderia me importar menos. Voltei para os meninos rindo e dizendo que eu tinha literalmente "froze my ass off" - congelado a minha bunda. Eles como sempre riram empolgados com o meu senso de humor nada comum.

Passamos por lagos congelados, montanhas uivantes e abismos de pedra. Atravessar o lago congelado foi um momento especial para mim, algo que, até então, eu só tinha visto em filmes. No final, deitei de costas numa pedra e fiquei ali por alguns minutos, apenas respirando e absorvendo tudo aquilo que estava vivendo. Parecia mais um sonho do que realidade. O acampamento do Monte Manaslu, para quem sobe até o topo, estava à nossa direita, com apenas uma barraca montada.

No alto do Larke La Pass, a 5.106 metros de altitude, era difícil sorrir e comemorar, tamanha a ventania e o frio que nos arrebatava. A "dança da vitória" foi curta e tímida. Pulei, gritei e finalmente pude dizer: "eu consegui, porra!". Sentamos em frente ao marco do Larke La Pass e tiramos fotos em frente à placa, que atesta o ponto mais alto do Circuito de Manaslu. Comi minha barra de chocolate Mars congelada para ganhar uma dose de energia para a descida e partimos. Dev logo se adiantou e sumiu na imensidão. Eu olhava uma nuvem negra sobre as montanhas à nossa frente e pensava que seria melhor não demorarmos ali.

Sob um vento de cerca de 180 km/h, de acordo com os guias que estavam no local, havia um poste de madeira no alto da montanha que balançava assustadoramente. Apenas cinco metros à frente havia abismos dos dois lados, e estávamos realmente com medo de tentar atravessar naquele momento, com o vento soprando tão forte. Mantínhamos um olho no poste, que poderia cair a qualquer momento, e outro nas rajadas de vento e neve que vinham por todos os lados. Resham me segurava pelo braço, porque cada rajada de vento era um solavanco para a frente. Em uma breve pausa de trinta segundos de vento forte, olhamos um para o outro e eu disse "let's get out of here!" - "vamos dar o fora daqui" - e Resham respondeu já apressando o passo, para passarmos por aquela faixa estreita e perigosa.

Novamente paramos, dessa vez para colocar os crampons nas botas, dispositivos de tração necessários para não escorregar no gelo. Pisar com eles no gelo faz um barulho satisfatório para mim, talvez alguém mais se identifique.

A nuvem escura ainda estava lá, e agora Resham apertava ainda mais o passo para descermos cada vez mais rápido. Para o meu grande azar, o ferro do crampon grudou no ilhós da minha bota e eu caí de joelhos no gelo!

Automaticamente, senti a dor, inclusive na canela esquerda, que foi basicamente chutada pelo meu próprio pé durante a queda. Resham me ajudou a desgrudar um pé do outro. Alguns metros mais abaixo o maldito crampon se prendeu no ilhós de novo, e dessa vez eu caí de lado, mas me levantei de imediato. O mais engraçado é que, toda vez que algo assim acontece, eu xingo em português. Não adianta, onde quer que eu vá, o carioquês estará sempre comigo.

Descíamos tão rápido que ultrapassamos todos os grupos pelo caminho. Mais adiante, pude ver um lago de água azul turquesa, cercado pelas montanhas escuras que, sob as nuvens carregadas, tinham um ar sombrio.

O restaurante onde iríamos almoçar e fazer uma pausa ficava mais abaixo, e chegamos lá às 11h10 da manhã. Ou seja, caminhávamos contra o vento há cerca de sete horas. Quando entrei no salão, notei meus olhos completamente secos e embaçados. Minha visão estava turva e minha cabeça doía na região da testa. Todo o meu corpo latejava. O mal da altitude me pegou dessa vez. Outras pessoas também não estavam se sentindo bem, muitas com dor de cabeça e outras haviam até mesmo vomitado. Comi um Dal Bhat, que ressuscita até defunto, e uma caneca de chá preto.

Desde Samdo não havia sinal de celular, e a última mensagem que mandei para o Till foi: "os próximos dias serão difíceis, reze por mim". Ótima maneira de tranquilizar os familiares! Falei isso em voz alta na mesa do almoço e um casal de romenos me ofereceu seu celular de satélite para que eu enviasse um SMS para ele, já que o próximo vilarejo, de Bhimtang, também não teria sinal. Isso significava três dias sem internet, algo surreal no mundo de hoje. No entanto, eu não sentia falta da conexão, só queria a possibilidade de enviar notícias para a minha família.

Apenas quinze minutos depois de comer já tivemos que sair andando, por causa da previsão de neve. Eu definitivamente não me sentia pronta para caminhar por mais duas horas. Estava dolorida e tonta. Mesmo assim, começamos a caminhar, e eu estava emburrada e com dor. A consequência disso foi escorregar de novo, dessa vez caindo de bunda no chão de areia. Três quedas só hoje! Acho que esse não era o meu dia. A altitude pode causar muitas coisas como, por exemplo, alucinações. Posso dizer que eu também experimentei isso, porque confundi jumentos carregando tábuas de madeira no lombo com tratores. Só a menos de três metros de distância percebi o que realmente eram: jumentos.

Pouco mais à frente, já podíamos ver o vilarejo, a 3.800 metros de altitude. O casal canadense nos acompanhava desde o incidente com os jumentos-tratores, mas iria se hospedar em outra casa de apoio. Chegando à nossa hospedagem, fui direto ao banheiro - estava precisando. Depois disso, fui para a cama. Meu corpo estava fraco, eu precisava de descanso. Dormi por duas horas, apesar de não ser recomendado cair no sono após uma mudança tão drástica de altitude. Quando acordei, nevava lá fora e tudo já estava coberto com pelo menos três centímetros de neve. Fiquei mais quarenta minutos na cama reunindo coragem para tomar um banho frio.

Havia um banheiro no meu quarto, no mesmo estilo alpino: chão de cimento, um vaso sanitário e uma torneira que funcionava tanto como pia quanto chuveiro. Meus ouvidos chiavam, e a cabeça ainda latejava, pesada. Também estava difícil pisar no chão, de tanta dor. Ainda assim tomei coragem e enchi o balde para me lavar. Se lá fora estava zero graus, a água estava dez. Mas lavar o rosto e o corpo com essa água gelada das montanhas me fez bem. Em seguida, me agasalhei completamente e deitei de novo embaixo das cobertas. Quando decidi sair da toca, tudo lá fora estava branquinho, e as placas de neve já caíam dos telhados.

A lareira da sala de jantar estava acesa e aquecia meus pés e mãos. Tomei água quente, chá e jantei. Fui deitar cedo e dormi por doze horas.

Na manhã seguinte, teríamos quatro horas de caminhada até Goa. Acordei me sentindo disposta e, apesar do desafiador dia anterior, levantei prontamente às 7 horas da manhã para contemplar a vila coberta de neve. Tudo parecia um sonho, belo e nostálgico, até que, mais uma vez, escorreguei no gelo - dessa vez descendo os degraus da escadinha da sala de jantar - e bati as costas e a bunda no chão. Ótimo começo de dia! Mas tudo bem, eu decidi rir disso tudo. Podemos ver que a brasileira aqui precisa de mais treinos na neve.

Tomei meu café e partimos. A paisagem estava deslumbrante e fomos conversando bastante e tirando fotos de tudo. Todas as árvores estavam cobertas de neve. Resham pontuou que, para essa época do ano, não é tão comum nevar, muito menos a quantidade que nevou noite passada em Dharamshala. Pelo caminho, adentramos a área de conservação de Annapurna, o que significa que, a partir desse ponto, deixamos os limites de Manaslu e entramos em Annapurna.

O trek foi muito agradável. Passamos por bosques nevados, com flores cobertas de gelo em suas pétalas. O rio que nos acompanhava é conhecido por "rio de leite", devido às suas águas brancas, causadas pelas rochas calcárias ao redor. Chegamos a Goa na hora do almoço. Finalmente tive sinal de internet de novo e comecei a receber, aos poucos, as mensagens dos últimos dias. Minha mãe já estava desesperada, rezando para que eu estivesse bem. Coloquei meu celular e meu relógio para carregar, pois as únicas tomadas da hospedagem estavam na sala de jantar. Comi MoMo's com muito molho de pimenta e fui tomar um bendito banho quente de chuveiro de verdade. Como atravessamos o Pass com sucesso, hoje é dia de comemorar - dia de cerveja! Abri a primeira lata de Gorkha às 16h20 e sentei para escrever toda essa história dos últimos três dias.

Um casal americano também estava por lá, celebrando com cervejas e licor local. Ela tocava ukulelê e cantava suas músicas autorais. As duas mulheres sul-coreanas também estavam hospedadas conosco, e pediram um prato típico coreano para o jantar, feito de galinha e legumes. Nas montanhas, não há geladeiras, portanto o consumo de animais é sempre de carne fresca. Assim, os rapazes da pousada pegaram uma galinha do galinheiro e a mataram. Observei enquanto eles lavavam a galinha, já depenada, e cortavam suas partes para cozinhar. Bem ou mal, todos estávamos comemorando nossa vitória e o fim do trek! Afinal, os próximos dois dias seriam de deslocamento de carro e ônibus, com exceção de mais uma caminhada até Tilije para embarcar no Jeep.

Após três cervejas e muitas conversas, fui deitar honestamente embriagada e ainda conversei por ligação de voz com meu marido, descrevendo a aventura com o vento no alto das geleiras. Fui dormir já sabendo que sentiria muita falta das montanhas e de nossa profunda conexão, até que eu voltasse aos Himalaias novamente.

Capítulo 6

O Retorno

03.05.2024

Assim que acordo, já quero dar parabéns para a minha avó. Mas, às 5h30 da manhã daqui, ainda é o dia anterior lá no Brasil, portanto ainda não é 3 de maio, aniversário dela.

Desperto antes mesmo do despertador. O frio e o cansaço estão me dominando e a ansiedade de retornar tem tirado o meu foco para praticar Yoga com a atenção que ela merece. Sendo assim, alongo os meus ligamentos deitada na cama e pratico algumas posturas para acordar e aquecer a coluna. Saio em busca de sinal de internet ou Wi-Fi, mas a casa de apoio continua sem energia elétrica, assim como ontem à tarde.

Quando estávamos em Dharamshala, os guias se referiam à Goa como se fosse um retorno à civilização mas, ao chegar aqui constato que é mais uma pequena vila, com poucas casinhas. No entanto, sua posição mais aberta no vale favorece o sinal de telefone, por exemplo. A única diferença é que aqui já se chega de motocicleta, mas não de carro. A estrada que liga Tilije até Goa é interrompida pelo rio, uma vez que não há uma ponte para os veículos. As motos atravessam a mesma ponte que os pedestres - a nossa querida ponte suspensa, que balança, mas não cai. Por esse motivo, precisamos caminhar cerca de uma hora e quinze minutos até o Jeep, que estará nos aguardando em algum lugar do outro lado do rio.

Tomo meu último café da manhã das montanhas - desta temporada. Já sinto saudades. A caminhada é tranquila, com retas e descidas, por uma estrada aberta que algum dia, quem sabe, receberá carros. Encontramos o casal de canadenses e seus guias, com quem dividiremos o Jeep. Conforme descemos, começa a esquentar. Nos aproximamos do nível do mar, e já posso dizer adeus ao frio das montanhas.

Penso que, apesar de cansada, já sinto falta de andar no meio do nada, na natureza até, finalmente, encontrar um vilarejo com casinhas, comida boa, molho de pimenta selvagem e chá preto com limão, mel e gengibre.

A vila de Tilije já tem mais aspecto de cidade. Andamos entre as casas dos moradores locais, muitos deles trabalhando em construções de lojinhas e hotéis. Devo ter visto pelo menos três obras em andamento. Algumas crianças correm de um lado para o outro com seus cachorrinhos. Continuamos andando até encontrar o ponto dos jipes, que nada mais é do que um espaço aberto na encosta de um morro, com diversos carros estacionados à espera dos turistas, seus clientes. Fico me perguntando como nós sete, e mais o motorista, vamos caber em um único carro, e descubro que duas pessoas vão na frente junto com o motorista, três pessoas no banco de trás e mais duas do lado de fora na caçamba. Naturalmente, os guias vão na frente, nós três atrás e os porters lá fora.

Como esperado, não há ar condicionado, e a estrada está cheia de poeira e em péssimas condições, com muitas obras inacabadas e pedras soltas. A estrada vai desenhando curvas por entre os morros e beirando as ribanceiras, cruzando pontes de segurança duvidosa, subindo e descendo ladeiras. Passamos por algumas cachoeiras à nossa direita e, claro, pelo lindo e extenso rio logo abaixo. Dentro do carro, vamos quicando por cerca de quatro horas. Se é desconfortável para nós, imagine para os dois que estão na caçamba. No entanto, todos mantemos o sorriso no rosto, afinal, está tudo bem, o importante é chegarmos em segurança. O curioso é que, após dezesseis dias sem ver um automóvel e me locomovendo somente com as minhas próprias pernas, sinto medo a cada curva super fechada que o motorista faz, a ponto de a frente do carro sair dos limites da estrada por alguns instantes. O coração para por um segundo, e então volta a bater! Fizemos algumas paradas pelo caminho, para banheiro e para o check point da polícia.

Nessas ocasiões, os dois na caçamba precisavam descer antes e caminhar alguns metros pois, na verdade, somente seis pessoas são legalmente permitidas por jipe, e nós éramos oito. Mas no Nepal, assim como no Brasil, e diferentemente da

Alemanha, as pessoas não gostam de seguir regras! Dev e Swan devem ter descido do carro pelo menos umas quatro vezes, e numa delas o pobre motorista tomou uma multa e ficou bastante bravo. O nível de emoção nas curvas subiu de três para cinco.

Passo toda a viagem escutando reggae e revivendo as imagens dos últimos dias. Às 13h, chegamos em Besishahar que, diferentemente dos vilarejos por onde passamos, é realmente uma cidade. Como qualquer outra, está cheia de automóveis, lojas, trânsito e poluição. O efeito nebuloso do baixo Himalaia volta a aparecer, causado pela diferença de pressão entre o ar frio do Tibet e o ar poluído da Índia. Isso também faz com que aqui seja mais quente, assim como na capital do Nepal, Katmandu. É triste, porque imagens de satélite mostram como a poluição aumentou ao longo de vinte anos e está fora de controle. Neste mundo acelerado em que vivemos, é preciso ter muita esperança para acreditar que dias melhores e mais limpos virão.

Vou para o meu quarto e começo a ver as fotos e vídeos do trek. Sinto-me feliz e triste ao mesmo tempo. Feliz por ver o quanto me superei, me realizei e me senti completa, grata e leve na natureza. Triste por saber que acabou e estou voltando à cidade. Tenho uma leve depressão pós-montanha, mas sinto no meu coração que um dia retornarei a essa fonte mágica de energia e sabedoria. A conexão que vivi comigo mesma, com minha essência e as montanhas é real e sagrada. A paz que a contemplação traz às nossas almas e a demonstração de gratidão e devoção nos completam como seres vivos.

As montanhas nos ensinam o desapego de ideias ultrapassadas, da necessidade de bens materiais e da ilusão de um sistema que já não se sustenta. Estar na natureza nos preenche e, de repente, percebemos que não precisamos de muito, a não ser água, alimento, amor e proteção. O essencial para o corpo e aquilo que nutre a alma: o amor incondicional. A maneira como vivemos hoje nos impede de notar que isso é o fundamental nesse planeta. O sistema nos faz sempre querer mais e buscar o inalcançável, trazendo infelicidade e falta de empatia. Ao longo do trek eu me perguntei por muitas vezes quando foi que o ser humano decidiu sair de perto da natureza para se aglomerar em cidades, morar em prédios e centros urbanos, lotados de informação e de desamor. Eu quero sentir o tempo passar devagar, ter a percepção do momento presente, exatamente do jeito que estar na natureza nos proporciona.

Começo a refletir sobre a minha nova morada, que será em Berlim. Dos quatorze aos vinte oito anos de idade eu sonhei em morar lá, sem saber muito o porquê. Hoje, descubro que essa vontade estava conectada ao Universo, com o encontro do amor da minha vida, que vem de lá. Se alguém me perguntasse se algum dia eu imaginei isso, a minha resposta seria não. Nos meus pensamentos, eu só conseguia me visualizar sozinha. Mal sabia eu que o amor me aguardava lá.

Esse exemplo mostra como nossa capacidade de imaginar ou visualizar o futuro é limitada, assim como é a nossa compreensão da dimensão do Universo e suas conexões. Há muitas coisas que não conseguimos explicar. Em relação às nossas próprias vidas, podemos optar por dois caminhos: enxergar a mágica presente em cada momento singular, cada sincronicidade nos detalhes, ou acreditar que tudo é fruto do acaso, onde nada foi orquestrado a partir do Universo. Desde muito pequena, sempre enxerguei a vida pela primeira perspectiva.

Ao longo do caminho, sempre que eu pensava em transformar esse diário em livro, a resposta que me vinha à mente era "faça, você já tem a benção". E é por isso que, apesar dos medos e receios, aqui e agora essas páginas se tornam disponíveis para você, que está me lendo.

Finalmente, a última manhã de circuito. Embarcamos no ônibus local às 8h da manhã, com a mente preparada para mais um dia de viagem por estradas sinuosas e cheias de solavanco. Fazemos algumas paradas ao longo do trajeto, assim como na ida. Continuo desfrutando da companhia do casal canadense, que agora já se tornaram colegas. Apesar de cansativa, a viagem foi bem tranquila.

Escuto música o tempo todo, enquanto a mente viaja para a minha família no Brasil, e também para o meu novo apartamento em Berlim. Imagino decorações, plantas e o que mais posso colocar para me sentir em casa. A decisão de deixar o próprio país por prazo indefinido sempre traz perdas e ganhos. Perco momentos em família, ver as crianças crescerem e, ao mesmo tempo, minha avó envelhecer, mas ganho momentos que me engrandecem a alma e se somam a uma lista de experiências incríveis.

Por muito tempo me senti culpada por ter sido a neta/filha/sobrinha que se desprendeu do ninho e resolveu alçar novos voos. Me sentia triste ao ver fotos de toda a minha família reunida, com exceção de mim. Hoje eu entendo que, apesar de estarmos conectados num laço familiar de amor, cada um tem o seu próprio caminho a seguir. Com as minhas escolhas, eu também posso ser exemplo para outras gerações que porventura sonhem em fazer o mesmo; posso ouvir de amigos e familiares o quanto

a minha coragem é admirada, e isso me dá forças para continuar fazendo aquilo que faz sentido para mim.

Ao chegar à Katmandu, Resham e Dev me acompanham até o hostel, onde esvazio o mochilão da firma e, em seguida, caminhamos até a agência. Meu laptop e alguns outros itens ficaram guardados lá enquanto estivemos nas montanhas. Estou tão cansada que mal posso conversar com o dono da agência para contar como foi a viagem. Depois de uma hora, retorno ao hostel e me despeço finalmente de Resham e Dev. Prometo a eles que voltarei muito em breve, dessa vez possivelmente acompanhada, para o circuito de Langtang. Agradeço a parceria e todo o auxílio que recebi pelo caminho.

O hostel que estou possui uma varanda em cada andar, além do terraço no último andar, que fornece uma vista privilegiada da cidade. Fico um tempo por lá observando o entorno e as pessoas que, também saem aos seus terraços para olhar a rua. Percebo o quanto é barulhenta uma cidade, mas o quanto estamos acostumados no dia a dia e mal notamos. Após o período de isolamento nos Himalaias, todos esses sons parecem gritar nos meus ouvidos.

Ainda tenho dois dias por aqui, que serão aproveitados para o autocuidado e tratamentos estéticos, como unhas e cabelos. Nem preciso mencionar a situação em que se encontram, depois de dois meses de pura negligência. Além disso, pretendo descansar o máximo possível antes do meu próximo voo intercontinental.

Portanto, essa história se conclui assim, como qualquer outro final que abre as portas para um novo começo. Os dias nos Himalaias foram divinos e me ensinaram muito sobre conviver em harmonia com a natureza e respeitar a Lei da Vida e do Amor. A magia da vida está em qualquer lugar, pois ela está dentro de cada um de nós. É isso o que preciso me lembrar para sempre, e é esse o meu conselho para você: acredite, tenha fé em si mesmo e, acima de tudo, ame tudo aquilo que te rodeia!

Finalizo este diário desejando algumas coisas:

Que eu me lembre sempre de ser positiva e de viver no presente, vibrando na minha essência e conectando a minha consciência individual com a consciência universal, que abre caminhos e nos mostra que todos somos um só.

Que eu saiba como propagar a mensagem de paz e compaixão do Sagrado, e não seja afetada pelas situações desagradáveis que fogem ao meu controle.

Que eu seja, acima de tudo, feliz, e propague amor por este Universo e por todos os outros.

Que os meus pensamentos sejam livres de qualquer sentimento ruim, e a minha mente seja preenchida somente com abundância e gratidão.

Que esse livro possa encontrar todas as pessoas a quem se destina, e que a minha história possa influenciar a de outras pessoas.

Pela primeira vez, não tenho um plano para o próximo capítulo, e não sei o que vai acontecer depois. Deixo a minha vida e o meu caminho livres, entregues nas mãos de Deus, para que o Universo possa agir espontaneamente ao meu favor, me encaminhando para o meu verdadeiro propósito nessa vida.

Fim,

e início de um novo começo...